Conflits fonciers et régulation au Cameroun

Serge Armand ZANG NDI

Conflits fonciers et régulation au Cameroun

Pour une approche psycho-socio-anthropologique de l'expropriation

Préface d'Henri Eyebe Ayissi

L'Harmattan
Cameroun

5-7, rue de l'Ecole-Polytechnique, 75005 Paris

http://www.editions-harmattan.fr

ISBN : 978-2-343-20055-2
EAN : 9782343200552

PRÉFACE

Conflits fonciers et Régulation au Cameroun : pour une Approche psycho-socio anthropologique de l'expropriation ; titre ambitieux et révélateur, annonce une vision, un plaidoyer, une apologie, un projet ; bref une nouvelle appréhension des conflits fonciers en Afrique subsaharienne. Le travail qui ne s'est pas fait de façon ex nihilo est le fruit d'une recherche que l'auteur durant quatre ans, a mené aussi bien au Cameroun qu'en Afrique.

Une lecture transversale et méthodique de l'ouvrage nous permet de comprendre que stricto sensu, le but de ce dernier n'est pas de bousculer les paradigmes existants sur le plan heuristique et épistémologique de la gouvernance foncière en Afrique en général et au Cameroun en particulier, mais a contrario resituer ou inscrire les problématiques foncières dans des démarches interdisciplinaires et même éclectiques ; substratum à la réduction des clashs fonciers en contexte d'expropriation.

Si pour ZANG NDI Serge Armand, les problématiques foncières jusqu'à une période très récente sont restées un domaine exclusif au droit frisant parfois le logocentrisme d'une part, et où les modèles en sciences sociales et juridiques sont implicitement ou explicitement caractérisés par une forte coloration déictique d'autre part, il est urgent de les appréhender dans leur globalité aiguillée par des logiques et des exigences phénoménologiques et nominalistes ; d'où l'urgence et l'exigence d'une démarche systémique, antinomique à la sectorisation.

Le concept de système est compris selon l'acception de Bertalanffy (1950) pour qui

> *Un système est un ensemble d'éléments identifiables, interdépendants, c'est-à-dire liés entre eux par des relations telles que si l'une d'elles est modifiée les autres le sont aussi et par conséquent tout l'ensemble du système est modifié, transformé. C'est également un ensemble borné dont on définit les limites en fonction des objectifs (propriétés, buts, projets, finalités) que l'on souhaite privilégier.*

Pour l'auteur, l'expropriation, au regard du type de rapport que les individus entretiennent avec le foncier en Afrique ; tout en reconnaissant que cet univers est régi par une prépotence juridique, envisage une gouvernance foncière qui intègre et incorpore davantage le social, le socioculturel, le psychologique et favorise la participation des expropriés dans la prise des décisions et l'inclusion.

Le texte ne prétend nullement à une présentation exhaustive de ce qui doit être fait ni prétend formaliser un modèle, mais à travers une subtilité intellectuelle, créer des pistes de réflexion.

En termes de configuration, le mérite de l'auteur à travers un « *stratagème* » est qu'il a su articuler les composantes, les paramètres ou tout simplement des éléments du droit et ceux de la psychologie donnant lieu à un véritable « *kaléidoscopique* ». Vacillant entre volontarisme et déterminisme, idéalisme et positivisme, réalisme et nominalisme, ce qui amène l'auteur à dire que les problématiques foncières ne sont pas l'objet spécifique d'une discipline scientifique, mais imposent des démarches et postures holistiques et systémiques.

Si le lecteur de cet ouvrage reconnaitra que l'univers foncier des pays en Afrique au sud du Sahara est régi du point de vue normatif aussi bien par le droit moderne que par la loi coutumière et donc, toute coexistence se montre parfois incompatible. Cette concomitance est potentiellement favorable à la cristallisation des conflits fonciers vivifiant la sédition.

Le problème que ZANG NDI Serge Armand pose est celui des difficultés qu'éprouvent les populations en situation d'expropriation à pouvoir se réguler ou s'adapter aux nouveaux environnements qui parfois leur sont proposés par l'État ; cette difficulté se traduit très souvent par ce que l'auteur appelle des réappropriations foncières ; ce qui, à trois niveaux, pose problème ;

- Au niveau juridique, réappropriation comme infraction au droit.
- Au niveau psychologique comme difficulté d'adaptation des populations et enfin au niveau psychanalytique : réappropriation comme absence de distinction entre fantasme et réalité.

Ainsi pour ZANG NDI Serge Armand, il est urgent pour les pouvoirs publics d'envisager davantage des expropriations qui tiennent compte aussi bien du volet économique en termes d'indemnisation, mais aussi du social. Ce souci s'arc-boute sur le type des rapports au foncier que les individus entretiennent avec la terre en Afrique.

L'ouvrage s'adresse à un public large : à tous ceux qui souhaitent dépasser l'appréhension immédiate et quotidienne des conflits fonciers, aux étudiants, ONG, aux partenaires au développement et surtout aux pouvoirs publics à qui incombe la responsabilité en matière d'expropriation.

Nous notons avec satisfaction que l'ouvrage en question participe modestement et sans risque de se tromper à la diffusion de l'information scientifique, facteur essentiel du développement. Ce qui rapproche l'auteur de ULLMO (1969) qui soutient

> *« Ce que la science a transformé depuis un siècle, ce n'est pas la connaissance, mais la pensée elle-même, c'est-à-dire la somme d'«a priori » sur laquelle nous construisons notre image du monde ».*

Avant de conclure, disons que l'impression profonde que nous pouvons garder de cet ouvrage plein de substance et à grande valeur heuristique, est que l'expropriation au-delà de son utilité publique, lorsqu'elle est menée de façon unilatérale est susceptible de créer un malaise et par conséquent aboutit à des dépersonnalisations et crises identitaires.

Je conclurais en disant que le livre de ZANG NDI Serge Armand pose les fondements d'une réflexion sérieuse et voudrait implicitement rappeler que la science peut aider le politique à se faire plus efficace. Il ne reste qu'à vous souhaiter bonne lecture.

Yaoundé, le 21 mars 2019

Henri EYEBE AYISSI,
Ministre du Cadastre et des Affaires
foncières du Cameroun

INTRODUCTION

À l'heure où la plupart des pays du Sud en général et du Cameroun en particulier semblent affriolés et épris par des questions lancinantes de développement ; il est paradoxalement curieux et intéressant de constater que les procédures d'expropriation préalables à l'acquisition des terrains d'assiettes par l'État pour la réalisation des infrastructures dans l'ensemble de ces régions constituent mutatis mutandis des moments charniers de vives tensions et sources potentielles de multiples conflits.

Ainsi, malgré l'arsenal juridique qui réglemente et normalise l'expropriation au Cameroun, ces antagonismes du point de vue typologique et taxinomique de nature verticale, surtout horizontale torpillent et constituent parfois un achoppement à la mise en œuvre de certains travaux de développement durable.

Si en général les questions liées au développement sont corrélatives à la réalité de la production capitaliste d'une part et d'autre part consubstantielles au changement social en termes de mentalités et d'attitudes, soulignons que l'élaboration des projets de développement à travers la construction des infrastructures oblige le plus souvent les pouvoirs publics à recourir à l'obtention des terrains d'assiettes. Ce qui par ricochet comme nous venons de souligner sous-entend exproprier conformément à la loi N° 8509 du 4 juillet 1985. Cette dernière, à titre de rappel, se présente comme une mesure administrative consistant à déposséder, voire « *spolier* » quelqu'un de sa propriété dans le but d'utilité publique. Ces heurts, objet de débats politiques, économiques, sociaux et sociétaux se déclinent et s'objectivent par un ensemble d'invariants à caractère diachronique et s'inscrivent dans une temporalité. Ainsi pour ONSOUBI (2017 : 47) « *les conflits fonciers sont devenus une donnée constante dans de nombreux pays d'Afrique subsaharienne confrontés aux processus de paupérisation accrue qui rendent encore plus complexe la question équitable des ressources* ».

Face à ces conflagrations de nature prolixe, récurrente et résurgente, une rupture épistémologique « épochè » s'impose au regard des allégations, des évidences du Sens commun et des prénotions que charrient les tiraillements fonciers au Cameroun. Si ces derniers en termes de causalité peuvent être corrélés à une constellation, du moins à un ensemble de variables combinées, leur résolution s'inscrit dans une logique et une perspective de développement durable.

Le livre esquisse audacieusement les prolégomènes d'une problématique transversale, adossée et abreuvée sur un principe de contemporanéité au sens de Lewin (1947). Si ces inflexions socio-comportementales de la part des expropriés, s'abreuvent et se cristallisent sur certaines allégeances traditionnelles, il n'en demeure pas moins vrai qu'elles traduisent sous l'angle psychosocial une difficulté pour les expropriés à pouvoir se réguler socio-juridiquement. Le propos de ce livre est de montrer par ailleurs que dans un contexte socioculturel fortement dominé par des dynamiques foncières et où les logiques cosmogoniques et cosmologiques restent tributaires et enracinées au culturel ; malgré les déplétions sociales, l'expropriation, événement potentiellement riche en affects est susceptible de cristalliser deux types de crises : une auto référentielle et l'autre hétéro référentielle nécessitant des restructurations et un accompagnement psychologique.

L'ouvrage en question à partir d'une lecture ternaire empreinte de décloisonnements va essayer de manière subreptice d'offrir des explications à un ensemble de comportements dits « *intentionnels* » en relation avec l'expropriation. Autrement dit, de scruter l'univers sociocognitif pour interroger l'ingénierie cognitive qui structure les discordes entre les populations expropriées et l'État au regard de leur prolificité. Il s'agit entre autres d'apporter des réponses aux questions suivantes : quelles sont les conditions minimales susceptibles de favoriser chez un individu exproprié à accepter telle quelle la situation et pouvoir s'accepter lui-même ? Quels sont les processus intermédiaires qui relient la propension qu'a un exproprié à pouvoir s'ajuster ?

PREMIÈRE PARTIE :

GÉNÉRALITÉS ET THÉORISATION

CHAPITRE 1 :

ÉTAT DES LIEUX DES CONFLITS FONCIERS EN AFRIQUE SUBSAHARIENNE ET AU CAMEROUN

1. Du conflit foncier

Du point de vue général, le concept conflit usité dans le vaste champ des sciences comportementales et normatives a fait l'objet de plusieurs définitions et, par conséquent s'applique à une grande variété de situations. À cet effet, il donne lieu à une floraison de théories. Face à ce foisonnement, charnier à l'échafaudage théorique et à l'extrapolation, un effort de synthèse et de délimitation s'impose.

Stricto sensu, le conflit serait tout simplement la situation dans laquelle un sujet se trouve soumis à des tendances cognitives et motivationnelles de sens contraires. En psychologie, tel développé par Sillamy (2006), le conflit est une lutte de tendance, d'intérêts ; situation dans laquelle se trouve un individu qui est soumis à des forces de directions opposées et de puissances à peu près égales. Dans la perspective lewinienne, le conflit se caractérise par sa double dimension structurale et dynamique ; pour ce dernier, il connote l'idée de valence, de force et de locomotion.

Lewin (1947) précise qu'un système social en état de tension existe chez une personne chaque fois qu'il existe en elle un besoin psychologique ou une intention qu'il appelle un « *quasi-besoin* ». Le conflit *a priori* peut se cristalliser et se polariser autour de deux versants : l'un subjectif et l'autre objectif. C'est pourquoi on parle parfois de conflit psychique, cognitif, de phase aiguë ou tout simplement de conflit armé ou ouvert.

En droit international, la notion de conflit est interchangeable à celle de tension. Pour le sens commun, le conflit tout naturellement connote l'idée de lutte, de combat, de tiraillement et se caractérise par son extériorité et son caractère hétéronomique. Le conflit dans son essence et sa manifestation se distingue d'une crise qui par contre est assimilable à l'idée de perturbation et renvoie à une anomalie dysfonctionnelle du système. C'est dire que la crise se rapporte à une manifestation soudaine d'une rupture d'équilibre. Cette démarcation est bien établie par Zartman (1985) pour qui le conflit se rapporte aux litiges qui sous-tendent les heurts entre les intéressés. La crise évoque une flambée de nature soudaine sur une courte période. Elle se caractérise de ce fait par sa durée et s'applique à des litiges prolongés. S'agissant du conflit foncier, a posteriori, il serait un ensemble d'antagonismes, le plus souvent, mettant en scène les propriétaires fonciers, les usagers du foncier et intégrant généralement l'expropriant et les expropriés. Ces différents tiraillements se cristallisent autour du terrien et se caractérisent par leurs natures diachroniques et à travers une constellation sémantique. Ces clashs entre l'État et les populations expropriées se traduisent par certaines inflexions socio-comportementales notamment les réappropriations foncières, les quérulences, l'abandon systématique des sites de recasement, la vente des villas destinées au recasement des expropriés et le refus de libérer les zones d'emprise. Toutes choses qui sont indicateurs, du point de vue de la normativité, d'une difficulté à pouvoir se réguler en contexte d'expropriation.

Le conflit foncier se structure autour d'un ensemble de concepts qui gravitent autour de celui-ci à savoir : la contestation, la revendication, les tiraillements, les velléités et la discorde, etc.

Ainsi pour Chameni et al (2002 : 13)

> *l'ensemble du champ des sciences sociales enseigne que tout conflit renvoie à l'opposition, sous des formes variées, d'individus ou de groupes dont les intérêts divergent selon la théorie marxiste par exemple. Ces affrontements peuvent bouleverser l'ordre dominant en faisant changer de site de propriété à moyenne production.*

2. État des lieux des conflits fonciers au Cameroun et en Afrique subsaharienne

2.1. Conflits fonciers au Cameroun

La dimension rétrospective et prospective des conflits fonciers a trait aux données purement factuelles. Le fait, à titre de rappel épistémologique, serait ce qui relève du constatable notamment tout ce qui peut être avéré, faisant l'objet d'une observation ; il s'agit du moins de tout ce qui peut être causalement expliqué.

Au Cameroun, de 1972 jusqu'en 2018 plusieurs conflits de nature verticale (expropriant, expropriés) et à caractère protéiforme et proéminent ont émaillé les procédures d'expropriation ; constituant parfois une espèce d'achoppement à la réalisation de certaines infrastructures de base. Sans prétendre à l'exhaustivité, nous pouvons faire allusion aux cas suivants :

- En 1972 dans le cadre du projet Nord Est Bénoué conduit par la Mission d'Étude pour l'Aménagement de la vallée de la Bénoué l'on a, après l'expropriation, assisté à une réappropriation foncière de la part des populations déplacées.

- En 1980, en pays bamiléké plus précisément à l'Ouest-Cameroun, l'exemple le plus illustratif en termes de conflit foncier serait celui lié à la résistance de la population locale sur le projet du Noun II.
- À Douala dans la région du littoral, les zones MAGZI de Bonabéri et Bassa se sont vues, réappropriées par les populations autochtones de cette contrée ; toujours dans le littoral au mois de mai 2012 les populations du Moungo ont exprimé leur mécontentement à travers certaines revendications sur le site réservé à l'extension de l'Université de Douala.
- À Yaoundé, dans le cadre de l'aménagement et de la gestion des zones industrielles, l'État par l'entremise de son opérateur foncier la MAGZI a acquis auprès des populations autochtones de Nsam et Mvan à Yaoundé un lot de 316ha 51a et 37ca. Les travaux d'extension de cette zone ont été déclarés d'utilité publique par arrêté numéro 780 du 21 janvier 1981 ; cependant, le même terrain s'est encore vu réapproprié par les autochtones.

Pour ce qui est de Lom Pangar à Bertoua notamment à l'Est du Cameroun, l'État, en vue de recaser les expropriés, a construit des villas, mais certaines de celles-ci ont été vendues aux premiers venus et faut-il le préciser, à vil prix.

2.2. En Afrique subsaharienne.

Au niveau de la sous-région Afrique, le foncier constitue sans aucun doute la toile de fond de multiples conflits ; ainsi intéressons-nous aux pays suivants :

L'Éthiopie, le Zimbabwe, l'Afrique du Sud et Madagascar.

En Éthiopie, les conflits fonciers ont toujours été une préoccupation sociopolitique sur l'ensemble du territoire aussi bien urbain que rural. Le cas le plus illustratif est celui qui a opposé l'État et les populations expropriées sur la vallée d'Awash et celui de la vallée du fleuve Omo.

Au Zimbabwe suite à l'éclatement de certains antagonismes fonciers, le gouvernement a procédé à une vaste opération d'expropriation et de redistribution de 74 % des terres arables qui étaient détenues par cinq mille fermiers pendant la période coloniale.

Quant à l'Afrique du Sud pendant la période se situant entre 1960 et 1980, le régime de l'apartheid aurait spolié trois millions et demi de noirs de leurs terres ; en 1994, 80 % des terres cultivables appartenaient à la fin de l'apartheid à 60 000 blancs ; en 2007, 4 % des terres étaient redistribuées aux noirs.

À Madagascar, l'affaire Daewood éclate le 17 novembre 2008 suite à une annonce des responsables sud-coréens d'acquérir de 13 millions d'hectares de terre. Cette situation avait provoqué une réaction prompte de la part des populations et ONG ainsi que des organisations paysannes.

3. Essai de théorisation

3.1. Psychogenèse et sociogenèse des conflits.

Se prononcer sur l'ancrage théorique des problématiques foncières de nature verticale est une question pratiquement controversée et très disputée ; celle-ci vacille entre la réflexion philosophique, mais « *sui generis* » aux sciences comportementales. Ainsi depuis des lustres, la structuration des rapports entre l'Etat, les individus, les communautés, les groupes a toujours requis l'attention des philosophes (Spinoza 1670 ; Rousseau 1762 ; Marx 1846 ; Locke 1960 ; Hobbes 1971). Si pour la plupart de ces penseurs, l'État reste le garant de l'intérêt général, cette transcendance à travers l'exercice de ses missions régaliennes se heurte parfois à la prééminence des intérêts égoïstes, privés et individuels.

Pour Hegel (1963 : 270) :

l'État comme réalité en acte, volonté substantielle, réalité qu'elle reçoit dans la conscience particulière de soi universalisée est le rationnel en soi et pour soi : "cette unité absolue, immobile dans laquelle la liberté obtient sa valeur suprême et aussi la finalité d'un droit souverain vis-à-vis des individus dont le plus haut devoir est d'être membre de l'État.

S'agissant de l'essai de théorisation proprement dite, les premiers sociologues ayant abordé des théories sur les conflits sociaux nomothétiques font état de ce qui suit :

La théorie des conflits de Dahrendorf. Pour ce sociologue, les conflits sociaux de manière générale émanent de la divergence au niveau des intérêts. Dans cette perspective Cazeneuve (1976) postule que les intérêts de la société ne concordent jamais avec ceux de tous les membres de cette société. Ainsi *a priori*, ceux qui exercent l'autorité ont intérêt à maintenir le statu quo, ceux du pôle dominé par contre militent généralement pour le changement social, changement non pas de surface, mais dans la perspective de Guy Rocher (1968 : 22) pour qui le changement est *toute transformation observable dans le temps qui affecte, d'une manière qui ne soit pas que provisoire ou éphémère, la structure ou le fonctionnement de l'organisation sociale d'une collectivité donnée et modifie le cours de son histoire.*

Bref selon la théorie des conflits de Dahrendorf, c'est cette situation de dominant et de dominé qui cristallise l'exacerbation des conflits sociaux ; pour l'auteur, les conflits constituent des prérequis ou des substratums au changement social ; mettant aux prises deux entités ou pôles. Toutefois, une nuance mérite d'être faite entre un type de conflits et le changement dont il est question. Ainsi, plus un conflit a un fort retentissement, plus l'imminence du changement social est probable.

La théorie de l'analyse stratégique de Crozier

S'inspirant des travaux de Taylor, Crozier met au-devant de la scène des individus que l'on peut assimiler à des *homo strategius*, animés et caractérisés la plupart du temps par le sentiment de suprématie, en mettant sur pied des stratégies. Ceci à travers une lutte rivale, intersubjective. Cette configuration se structure autour du postulat selon lequel l'individu est un être doué d'une raison, astucieux mettant en œuvre des stratégies même si cette capacité rationnelle est souvent sous l'emprise de l'imperfection, tributaire des informations dont il dispose.

La théorie des jeux

La théorie des jeux a été élaborée par Morgensten. Elle est de nature transversale et applicable dans les systèmes sociaux, économiques, sociétaux, politiques ; mais surtout, elle rend intelligible les problèmes de rapport de force entre les groupes, communautés et même au niveau des nations. La théorie des jeux est basée essentiellement sur les démarches mathématiques ou calculs. Elle s'appuie sur des algorithmes qui se caractérisent à leur tour par la précision ; entre autres ; elle se distingue par l'usage et le recours à la tactique. S'agissant de la stratégie à ce niveau, elle oscille entre une stratégie minimax et une stratégie maximax.

La théorie des conflits réels (compétition réelle)

D'après la théorie des conflits réels, les antagonistes sont souvent vivifiés par le désir des uns et des autres d'accéder aux ressources disponibles. Or le plus souvent, il y a une inadéquation entre les ressources disponibles et la demande. Cette conjoncture serait *a priori* favorable à l'adoption des attitudes discriminatoires, les préjugés et les hostilités. Toutefois, cette conflictualité est généralement soutenue ou contrariée par deux actions antinomiques à savoir : la coopération et la compétition liée à l'endo-groupe et l'exo-groupe. Chérif (1907) dans cette perspective, postule que : quand les groupes s'engagent véritablement dans des activités compétitives à forte connotation frustratoire et/ou cumulativement le gain d'un groupe correspond à la défaite pour l'autre, cette situation s'avère potentiellement riche en stéréotypes.

La théorie de la conspiration

Le terme conspiration usité en sciences politiques est souvent associé à un complot, une conjuration, une cabale ; il connote un accord secret entre deux ou plusieurs personnes en vue de renverser le pouvoir établi. Selon cette dernière, le pôle dominant mieux la classe dirigeante constituée de personnes détentrices du capital, doit pour se maintenir et se pérenniser, faire prévaloir ses intérêts en toute circonstance.

La théorie systémique (structuro-fonctionnaliste)

Stricto sensu, la structure du latin structura dénote l'idée de construction, arrangement et de disposition. En sciences sociales, c'est un terme polysémique parfois à usage approximatif et utilisé de manière peu rigoureuse. C'est un terme chevauchant entre l'organisation et le système. Le structuro-fonctionnalisme est un courant théorique né aux États-Unis ; il propose un modèle d'analyse des ensembles et configurations sociales animés par les impératifs fonctionnels de la société ; voire de toute vie et entité sociale, organisée et structurée.

Pour Lugan (1993), toute société, toute organisation sociale est soumise à des processus de changement et manifeste des points de tension et de conflits. C'est dire que malgré le caractère foisonnant du concept de système, Lugan (1993) le définit comme un ensemble d'éléments identifiables et interdépendants ; c'est à dire liés entre eux par des relations.

La théorie des classes sociales

Malgré les critiques acrimonieuses et caustiques dirigées à l'endroit de la théorie des classes sociales, précisons que celle-ci a été mise sur pied par Marx. Théorie très proche de celle des conflits de Dahrendorf. La théorie des classes sociales stipule que la société se caractérise par sa nature dychartique au niveau des classes sociales ; polarisée en pôles dominé et dominant, en détenteurs de propriétés, de capitaux. C'est cet ensemble de clivages qui crée la conflictogenie au sein de la réalité sociale.

Les Théories en termes d'identité collective

L'identité collective sans détour nous rapproche de l'identité sociale qui n'est autre que la représentation que l'individu se fait de lui-même (identité personnelle) qui est tributaire aux rôles et aux statuts sociaux endogroupes. L'identité collective s'arc-boute sur la culture, qui désigne un ensemble de valeurs, de conduites et de normes acquises ; élément déterminant de différenciation, d'individuation et parfois d'incohésion. Dans cette optique de nature kaléidoscopique et d'hétérogénéité, le conflit trouve son fondement sur la cohésion culturelle d'un groupe par les enjeux de lutte. Dans ce cas, l'affirmation d'une culture spécifique et la constitution d'une conscience sont considérées comme des préalables à l'action collective.

La perspective interactionniste

En opposition avec le fonctionnalisme qui a dominé la sociologie américaine, la démarche interactionniste est basée sur l'interaction qui est une relation interpersonnelle (entre deux individus) laquelle les comportements de ces derniers sont soumis à une influence réciproque chaque individu modifiant son comportement en fonction des réactions de l'autre.

Si d'après Berger (1971) la démarche interactionniste se structure autour de l'extériorisation, l'objectivation et l'intériorisation pour Moscovici (1971), *« toute source peut induire une influence »*. Or selon cet auteur, toute influence sociale peut être productrice de conflits. Toutefois, il y a lieu de préciser que la cristallisation d'un conflit et son maintien sont tributaires du style de conduite adopté par les différents protagonistes ou les unités actives.

La Théorie de l'équité

La première formulation de la théorie de l'équité a été élaborée par Homans et Adam (1965) et inspirée des travaux de Festinger (1954), sur la dissonance cognitive et la comparaison sociale. L'équité serait une norme de réciprocité perçue par chaque partenaire comme préalable fondamental de l'échange ; dans la mesure où elle suscite un sentiment de satisfaction dans la dynamique interactionnelle. La théorie de l'équité se structure autour du postulat selon lequel la perception d'une injustice sociale est une source potentielle de malaise psychologique. Le vécu du sentiment d'injustice étant parfois pénible ; pour le réduire, l'individu doit mettre sur pied certains mécanismes socio-cognitifs. Rappelons que la justice sociale est une notion usitée en politique notamment à partir du milieu du XIXe siècle sous la plume de Stuart Mill.

Encore appelée justice distributive, elle est celle qui régit la distribution des ressources entre différents ayants droit. Il s'agit entre autres d'une justice procédurale qui a pour objectif de déterminer les procédures considérées comme acceptables pour le règlement de différends entre parties en litige. La justice sociale alterne entre deux principes : le mérite ou la justice rétributive et l'égalité dans l'accès et l'utilisation des ressources. Ce point de vue a suscité des critiques virulentes. Dans la théorie de la justice développée par Rawls (1987), ce dernier nuance cette vision de nature utilitariste en soutenant que les inégalités ne peuvent être tolérées que lorsqu'elles jouent aussi au bénéfice des catégories les plus démunies de la société. Hayek et Nozick (1976) ont de leur côté développé des points de vue diamétralement opposés au nom du principe de liberté personnelle.

Si en rapport avec ce qui précède on s'accorde avec le freudisme que les faits psychiques ont un sens, on peut de façon légitime affirmer qu'aucune conduite de l'homme n'est le résultat d'un fait de hasard. D'où la floraison « colorée » de théories qui s'offrent aux chercheurs en quête d'intelligibilité sur les problèmes fonciers au Cameroun, voire en Afrique.

Sans prétendre à l'exhaustivité et friser l'ergotage, cet essai de théorisation nous aurait permis de sélectionner tout en formulant certaines critiques ; or paraphrasant Morton et Krauss (1972) on peut définir la théorie comme un filet que l'homme tisse pour capturer le monde observable, l'expliquer, le prévenir et influer sur lui.

4. Étiologie des conflits fonciers : des spéculations syncrétistes à l'analyse psychosociale

Quelles explications psychosociologiques apporter face aux conflits fonciers surtout au regard de leur caractère diachronique et de leur prolificité ? Si cette interrogation est d'allure normative, bénéficiant d'une certaine légitimité épistémologique, reconnaissons que se prononcer sur l'aspect causal des clashs fonciers entre l'État et les populations riveraines en contexte d'expropriation semble une entreprise présomptueuse. Tant la question est fortement controversée, discutée et vacillante.

Pour l'opinion publique, les conflits fonciers sont étroitement, et systématiquement associés à un nombre de facteurs et de configurations. Ainsi à travers une démarche syncrétiste, palpité par des logiques anthropomorphiques et égocentriques, les raisons de ces antagonismes se déclinent en :

- La mal-gouvernance foncière avec pour point saillant et prégnant l'unilatéralité au niveau de la prise de décision en matière d'expropriation ;
- L'absence d'harmonisation des législations et des règlementations foncières ; aussi bien dans la zone dite anglophone que dans la zone dite francophone ;
- Le caractère obsolète et vétuste de la loi foncière au Cameroun et même dans la plupart des États de la CEMAC ;
- La marginalisation des populations locales dans la situation d'expropriation ;
- La présence et la récurrence des conflits de compétences, des chevauchements et parfois du laxisme des autorités en charge des questions foncières ;
- La non reconnaissance des droits fonciers des peuples autochtones et des populations locales.

Si cette démarche s'illustre par une absence de systématicité, quelle lecture psychosociologique peut-il en découler ?

Du point de vue empirique, les expropriés élaborent leur démarche causale en recourant à une norme d'internalité qui valorise l'expression des explications inputs au détriment des outputs. Il s'agit, pour les expropriés, de justifier certains comportements à l'instar des réappropriations foncières qui se présentent comme l'un des indicateurs fiables traduisant des antagonismes fonciers entre l'expropriant c'est-à-dire l'État et les expropriés.

Rappelons que la norme d'internalité telle qu'elle est définie par Beauvois et Dubois (1988) se présente comme la valorisation sociale des explications des événements psychologiques (comportement et renforcement) qui accentuent le poids de l'acteur comme facteur causal. Si ce qui précède relève de la psychologie du sens commun qualifiée de psychologie naïve dans la simple raison que ses attributions se départissent souvent des règles de logique, elles restent cependant, fortement tributaires de la jugeabilité sociale.

Ainsi du point de vue purement psychosociologique adossé au principe de contemporanéité, on peut mentionner que dans un contexte socioculturel où les rapports au foncier restent vitaux, l'expropriation, événement potentiellement riche en affects et susceptible de créer des crises et tensions, invite *a priori* les expropriés à se réguler. Or, au regard de certaines inflexions socio-comportementales observées à la suite de l'expropriation, émanant des expropriés, on déduit du coup que ces derniers éprouvent d'énormes difficultés à pouvoir se réajuster socialement. C'est dire que malgré les multiples voies qui s'offrent aux chercheurs dans la démarche causale en matière de conflits fonciers l'un des axes majeurs restent la régulation sociale ; elle-même vivifiée par :

- L'absence de participation des expropriés aux prises de décisions en matière d'expropriation ;
- La difficulté pour les expropriés à pouvoir rationaliser et introjecter l'expropriation ;
- Le décalage entre l'État et les représentations sociales que les expropriés développent vis-à-vis de ce dernier.

Bien que toute démarche explicative soit antithétique et parfois antinomique, elle doit cependant reposer sur un modèle fiable ; étant donné qu'expliquer scientifiquement un phénomène c'est, comme l'a souligné Postel (1970), établir un schéma conceptuel ou un modèle abstrait et montrer que ce schéma s'intègre dans un schéma plus compréhensif, soit comme l'une de ses parties (modèle partiel) soit comme l'un de ses cas particuliers (sans modèle). Or, modéliser surtout sous l'angle systémique se présente comme une action intentionnelle de construction, d'élaboration par l'entremise de concepts et des symboles. Expliquer les causes des conflits fonciers notamment « *la causa, sen ration* » de Descartes, nous oblige à solliciter un modèle triptyque se déclinant en un type qualifié de « *métaphoriquement énergétique* » qui met en sellette un ou plusieurs facteurs antécédents et prédicateurs du phénomène à interroger.

CHAPITRE 2 :

ANCRAGE PSYCHOSOCIAL, DIMENSION AXIOLOGIQUE ET FONCTIONNALISTE DES CONFLITS FONCIERS

1. Ancrage psychosocial

S'inspirant des travaux de Miller (1991) et ceux de Lewin (1947) théoriquement, l'on peut grosso modo regrouper les conflits fonciers en trois grandes catégories :

1.1. Le conflit approche-approche

Celui-ci se caractérise par une incompatibilité en termes d'actions, buts, objets et cognitions. C'est une situation du point de vue cognitif pénible à vivre et qui place l'individu à mi-chemin entre deux valences positives de forces sensibles égales. Le conflit approche-approche plonge l'individu dans deux tendances non simultanément réalisables. Cette ambivalence dérive de l'hypothèse selon laquelle la force d'attraction vers une région but grandit au fur et à mesure que se réduit la distance séparant l'action ou le but. Au niveau du foncier, le conflit approche-approche se présente ainsi qu'il suit :

Reconnaître par les expropriés l'autorité de l'État et vouloir enfreindre la loi foncière, autrement reconnaître qu'on a été indemnisé et vouloir se réapproprier des terrains qui relèvent désormais du domaine de l'État.

1.2. Le conflit évitement-évitement

Ce type de conflit se cristallise dans une situation où l'individu se trouve entre deux valences négatives de forces approximativement égales. Il se caractérise par deux tendances incompatibles obligeant l'individu à éviter deux actions ou deux objets distincts. Pour le conflit évitement-évitement, il faut le préciser, se distingue par la fréquence de trois sortes de conflits.

(1)-Une situation potentiellement dominée par une valeur négative où l'individu malgré son état pensif, jouit d'une marge de manœuvre assez considérable ;

(2)-Une situation où le sujet est en proie à des valences négatives auxquelles il ne peut s'en sortir.

(3)-Une situation où la personne se trouve en situation d'interdépendance c'est-à-dire le sujet face à une valence négative, doit passer par une autre région de valeur négative pour échapper.

À titre d'exemple : nous avons les cas suivants :

Ne pas accepter d'être exproprié, mais accepter favorablement l'indemnisation.

Marquer une résistance farouche contre l'expropriation, mais surtout refuser l'indemnisation.

1.3. Le conflit approche-évitement

C'est un type classique de conflit qui prend source lorsqu'un sujet est sous l'emprise des forces opposées issues d'une double valence de nature positive et négative. De manière plus concrète, la situation approche-évitement se caractérise par un même but, une même action, un même objet et une même cognition. Il s'agit pour les expropriés, de s'attacher à la terre et exiger d'être indemnisé par l'État.

2. Dimension axiologique et fonctionnaliste des conflits fonciers

Loin d'apparaitre dysfonctionnel pour certains, le conflit de façon générale et selon le point de vue fonctionnaliste fait partie des facteurs du changement social. Pour le philosophe anglais Weber, le conflit est considéré comme « *normal* » au sein des relations sociales.

Pour Simmel, le conflit constitue une espèce de « *sociation* » en matière de changement social et au niveau de la structuration des rapports sociaux. Abordant dans ce sens, Coser (1992) établit un lien entre conflit et identité ; pour ce dernier, le conflit sert à établir et maintenir l'identité entre les sociétés et les groupes.

Moutoussé et Renouard (2001 : 100) font la synthèse suivante :

> *le conflit est donc un facteur du changement social. C'est souvent la condition pour que les facteurs comme l'économie, la technique, les valeurs, la démographie ou l'idéologie puissent jouer un rôle actif dans la transformation sociale. En même temps, il fait partie du changement social puisqu'un conflit est en soi une modification par rapport au statu quo antérieur. Il accompagne donc les facteurs du changement social tout en étant partie prenante de ce changement.*

C'est dire les antagonismes fonciers impliquant l'Etat et les expropriés participent du point de vue fonctionnaliste à la structuration des rapports sociaux de force entre ces deux entités et par ricochet peuvent vivifier les changements sociaux. Ce changement, pour ce qui concerne les conflits fonciers, peut se décliner en termes de régularisation foncière par l'humanisation de l'expropriation et la garantie d'un ensemble de droits fondamentaux. Du côté des expropriés, la cristallisation des conflits fonciers peut aboutir à une restructuration des rapports individu-État et à un changement de représentations sociales.

Toutefois, il est important de noter que le changement social dont il est question est tributaire de l'intensité du conflit. Ainsi, plus un conflit sera violent, souligne Dahrendorf, plus le changement sera rapide ; plus le conflit sera intense, plus il soulèvera de passions et plus il affectera en profondeur la structure sociale (Moutoussé et Renouard 2010).

CHAPITRE 3 :

LES CONFLITS FONCIERS AU CAMEROUN ET EN AFRIQUE : DE L'APPROCHE MONOLITHIQUE A UNE APPROCHE TRANSDISCIPLINAIRE

1. Le paradigme de la complexité dans l'univers foncier

Le foncier en Afrique subsaharienne est un univers du point de vue structuro-fonctionnaliste, phénoménologique et même ontologique complexe. Complexité qui n'est pas à assimiler avec complication ou hyper complication telle que développée par Lugan (2006) et qui connote l'idée de prévisibilité et de programmation. Il se présente comme un univers explosif et source potentielle de multiples conflits. Le foncier en Afrique noire se caractérise par un ensemble de configurations qualifiées de configurations socio-foncières à travers un faisceau de droit.

Le foncier est une problématique transversale intégrant les sciences juridiques et comportementales touchant à la fois des enjeux sécuritaires, économiques et politiques impliquant la gouvernance des ressources naturelles et de maintien de la paix. Ainsi pour Mansion et Broutin (2014), le foncier est une question complexe porteuse de malentendus et suscitant de débats contradictoires où se confrontent des idées parfois simplistes et dogmatiques.

Sous l'angle systémique et cybernétique, le système foncier en milieu africain est composé d'un ensemble de sous-systèmes pouvant se décliner en sous-systèmes socioculturels, juridiques, normatifs, politiques et socioéconomiques. Le foncier, par extension, se présente comme le miroir de la dynamique fonctionnelle des sociétés africaines et se caractérise par l'enchevêtrement voire un degré de couplage élevé de ses différents sous-systèmes ou éléments. Il s'agit d'une véritable unité dans la multiplicité (*unitas multiplex*), s'identifiant par l'hétérogénéité l'imprévisibilité, l'inséparabilité et la récursivité. Cette imprévisibilité n'occulte pourtant pas son caractère d'intelligibilité.

Ainsi, si les conflits fonciers ont souvent été perçus comme marginaux et relevant du conjoncturel, ils méritent pourtant une attention et une légitimité épistémologique qui n'est pas à réduire à l'étude du sol, leur statut juridique ou tout simplement leur valeur économique. Dès lors, se prononcer sur la problématique foncière en Afrique ; nécessite de ce fait une mobilisation en amont des intelligences, des forces vives, des énergies autour d'une dynamique de réflexion collective tournant le dos à la sectorisation et au cloisonnement. Mais, plutôt adopter une posture proactive. Cette nature polyphonique et interférentielle du foncier invite aussi à une gouvernance particulière mobilisant tous les ministères en charge des questions foncières.

1.1. Aperçu sur le concept de transversalité

Quoique relevant à proprement parler de la philosophie des sciences et s'inscrivant généralement dans des questions et débats méthodologiques, la transversalité évoque l'idée de transdisciplinarité qui étymologiquement peut être définie par Nicolescu (1996), à partir du préfixe ''trans" considéré comme ce qui est à la fois entre les disciplines ou tout simplement à travers des disciplines différentes et au-delà de toute discipline. La transversalité semble antinomique au cloisonnement ou tout simplement à la sectorisation. Elle se veut une démarche efficace dans la saisie de la réalité, considérée parfois comme complexe.

Pour Nicolescu (1996), la démarche transversale a comme finalité la compréhension du monde présent dont l'un des impératifs est l'unité de la connaissance. Cette approche est née face aux limites que présente la démarche monolithique et cloisonnée en science. Pour Edgar Morin, la transdisciplinarité qui doit être selon ses termes trans-disciplinaire, permettra de réarticuler les diverses disciplines scientifiques enfermées selon l'expression de l'auteur dans leur « Cécité » et leur « arrogance ». La transdisciplinarité implique une démarche systémique caractérisée par les interactions et les interrelations entre les éléments.

1.2. La question foncière au Cameroun et en Afrique subsaharienne : de la nécessité de la contextualisation

Le foncier plus qu'un simple facteur de production est une donnée structurelle, participant à une pluralité de fonctions sociales. Le contexte clarifie toute démarche se voulant intelligible et contribuant à la signifiance des signes. Ce dernier en matière foncière peut se décliner en contextes historique, socioculturel, normatif, juridique, sociologique, anthropologique, économique, voire politique.

Toute l'importance de la prise en compte du contexte dans les problématiques foncières se structure autour du postulat suivant développé par Paillé (2013), *« aucun phénomène ne peut exister en lui-même dans le vide environnemental (...) le sens est donc quasiment toujours issu d'une mise en relation de quelque chose d'autre »*. La prise en compte du contexte s'arc-boute sur la thèse de la circularité entre les phénomènes, les actions et les variables. De concert avec ce qui précède, Hall que cite Paillé (2013) dira qu'il y a une « *émergence* » de la situation. L'émergence se fait sous l'impact de l'action et du contexte.

CHAPITRE 4 :

LES RAPPORTS SOCIAUX AU FONCIER EN AFRIQUE NOIRE ET AU CAMEROUN

1. Qu'est-ce que le foncier ?

Étymologiquement, le concept de foncier à forte constellation sémantique dérive du latin *funders* qui se rapporte à fond de terre. Ainsi à l'époque médiévale, le terme foncier évoquait l'organisation territoriale où un point d'honneur est mis sur le pan juridictionnel. En Afrique et même partout ailleurs, le foncier est une notion multidimensionnelle et complexe. Pour Titi Nwel (2010), le rapport de l'homme à la terre est et reste vital.

Au sens large, le foncier renvoie à l'ensemble des rapports entre les hommes, les collectivités, les communautés et les groupes en ce qui concerne la terre. Le rapport au foncier selon la cosmogonie et la cosmologie africaine est tributaire d'un ensemble de variables à savoir : le type de société, le niveau d'ancrage culturel, le système de parenté, les déterminants écologiques. Le foncier est au cœur des enjeux sociaux de pouvoir et de richesse, source de conflits. Cette conception du foncier fut largement développée par un nombre important de chercheurs issus d'horizons divers. Ainsi, pour La Vigne Del Vide (2009), le rapport au foncier est avant tout un rapport entre les hommes à propos de la terre.

1.1. Structure de la terre (dimension géo-astronomique)

De quoi la terre est-elle faite ? Quelle est sa configuration et quelle est sa structure ?

La réponse à ce questionnement remonte à la plus haute antiquité à travers plusieurs investigations parfois aux postures controversées.

Le premier centre d'intérêt des chercheurs a porté sur la position de la terre dans l'espace. Pour Anaximandre au VIe siècle avant J.C, la terre est un corps en équilibre au centre d'un ciel sphérique. Cet équilibre n'est pas la résultante d'une certaine symétrie. La terre à travers cette capacité statique serait privée de tout appui. Pythagore (460-480) et Armenide (515-450) ont, dans leur démarche explicative de la position de la terre, établi une espèce de similarité entre la terre et le ciel.

Platon (428-348) sur la base de ce qu'il a appelé « géographie infernale » à travers une analogie a pu donner une première conception des profondeurs de la terre. Il fait dans sa démarche allusion à quatre grands fleuves qui s'écoulent à l'intérieur de la terre, l'un des fleuves est un fleuve de feu, c'est lorsque ce fleuve atteint la surface qu'il y a éruption ou activité volcanique.

Aristote (384-322) avant J.C met sur pied la théorie des lieux et des mouvements, réquisit théorique l'ayant permis d'établir une démarcation entre supra lunaire constitué des astres et de l'éternité et le monde sublunaire.

Buridan (1300-1358) envisage une explication assez particulière en développant la thèse d'une horizontalité entre les sphères : terre et eau qui se trouvent au même rayon bien qu'étant approximativement l'un par rapport à l'autre.

Kepler (1618), s'inspirant des thèses coperniciennes et galiléennes, va rejeter en bloc les différents schémas interprétatifs qui jusque-là tenaient lieu de causalité ; de ce fait, sa posture épistémologique va à l'encontre de l'analogie entre l'univers terrestre et le monde sublunaire ;

il reconnaît plutôt que la terre a pu prendre forme à partir d'un processus catalysé par certaines matières fluides.

Burnet (1681) Woodward (1695) et Whistone (1696) : c'est ce trio qui en mettant sur pied un corpus de connaissance a véritablement, et de manière très élaborée, théorisé la structure et la configuration de la terre. Pour le premier, la terre trouve son origine à partir d'un chaos fluide et a pris forme sous l'effet de la gravité. Pour ce dernier, la terre ici est divisée en trois couches ; au centre, le noyau de feu ensuite, une couche en terre et enfin, une couche fluide (le réservoir du déluge).

Quant à Woodward (1695), la terre serait la résultante d'une dissolution complète lors du déluge, mais qui s'est resédimentée. La thèse de Whistone (1996) se décline en noyau solide, puis en couche de fluide pesant et d'une couche de terre en équilibre sur le fluide. Ces travaux se sont enrichis avec ceux de Halley (1683), Gautier (1721), Boulanger (1753), Fuschsel (1773), Daubrée (1866). Ce dernier élabore une conjecture de la formation de la terre à partir de certains fragments notamment, les météorites qui sont tombées sur un astre quelconque étant donné que les météorites sont riches en fer. Or, le fer devrait figurer en abondance dans les profondeurs du globe.

Depuis l'antiquité, l'immense littérature sur la connaissance des profondeurs du globe terrestre s'est enrichie en levant des équivoques qui ont permis de déboucher à des champs nouveaux d'investigation.

En dépit de la controverse qui caractérise les discours en rapport avec les démarches causales sur la structure et la position de la terre, il est important de noter que : la terre en termes d'âge s'est formée il y a 46 milliards d'années. Au niveau de sa structure, elle est constituée d'une succession d'enveloppes ou de couches de nature solide, liquide et gazeuse plus ou moins imbriquées les unes des autres.

L'enveloppe gazeuse constitue l'atmosphère qui serait formée d'éléments légers volatils provenant du dégazage du globe solide.

L'enveloppe liquide ou hydrosphère comprend l'ensemble des mers, océans, rivières, nappes souterraines et glaciers.

Quant à la partie solide de la terre, elle se subdivise en trois zones concentriques à savoir :

- La croûte
- Le manteau
- Le noyau

1.2. Approche historico-astronomique de la terre

La terre, objet de multiples enjeux, est considérée comme le siège de l'humanité. Depuis la nuit des temps, elle fut considérée comme le centre du monde. Cette posture géocentriste s'organise de manière systématique autour d'une pluralité de thèses défendues et soutenues par les chercheurs. Au départ, la terre était informe c'est-à-dire, elle n'avait pas une forme précise sinon une simple étendue plate.

Plus tard, ce sont les Grecs qui furent les premiers à admettre que la terre est un objet sphérique ; bien que récusée par les positions scolastiques qualifiées d'obscurantistes. La thèse de la forme sphérique de la terre fut aussi de manière systématique rejetée par les Égyptiens et les Sumériens qui pourtant faisaient partie des précurseurs en matière astronomique. Cette reconnaissance de la forme de la terre certes rejetée par certains aurait permis d'envisager la forme de la terre et lui reconnaître comme tel au niveau du globe terrestre.

1.3. De l'insécurité foncière en Afrique

La notion de propriété régie par une prépotence juridique, reste très discutée, vacillante et à variante sociale. Pour le droit coutumier, la reconnaissance des droits de propriété diffère de celle du droit écrit. Cette situation potentiellement conflictuelle outrepassant par les acteurs les dispositions statutaires et réglementaires est très fréquente en Afrique.

Ces insurrections aux allures d'un « *véto* » ou d'un « *impeachment* » adossées aux revendications autochtoniques identitaires et idéologiques instiguent le plus souvent l'autorité en charge à l'adoption d'une attitude ambivalente entre parfois l'abdication, l'indulgence, la mansuétude et la longanimité. Or le cadastre, longtemps considéré comme le bras séculier du pouvoir colonial à travers la domanialité se présente parfois comme marginal.

Dans un tel contexte, si le titre foncier est juridiquement inattaquable, son obtention socialement ne constitue pas un gage absolu de sécurité en matière foncière.

Un terrain même si son propriétaire a obtenu un titre de propriété en bonne et due forme peut faire l'objet de contestation et de réappropriation. C'est dans cette perspective que Mansion (2012 : 165) soutient ; *« les détenteurs de droit sur une parcelle, même dépourvus de titre de propriété, peuvent se sentir suffisamment en sécurité pour y investir. Autrement dit, la sécurité foncière en Afrique repose sur l'articulation entre reconnaissance juridique et reconnaissance sociale des droits sur la terre »*.

À titre d'exemplification et sans prétendre à l'exhaustivité, nous nous intéresserons à trois cas qui ont défrayé la chronique.

En 1993, au lieu-dit Ngousso à Yaoundé sous la pression des autochtones, certains titres fonciers en bonne et due forme ont été annulés dans ce quartier par l'autorité en charge ; où les autochtones s'étaient constitués en milices pour empêcher les légitimes propriétaires de jouir de leurs biens ; remettant en cause la sacro-sainte notion d'intangibilité du titre foncier.

Cet épisode s'est soldé par les actes ministériels N° 170, 171, 172, 173 et 174/Y.26 MINUH/D 210 du 8 juin 1993 se présentant comme suit :

- 170 : remettant dans leurs droits réels de propriété les anciens attributaires réguliers du lotissement de Ngousso ;
- 171 : consolidant les droits réels de propriété des populations « originaires » de Ngousso sur certains lots du lotissement domanial ;
- 172 : portant déchéance des droits réels de propriété sur certaines parcelles de terrains domaniaux du lotissement de Ngousso ;
- 174 : portant attribution de « l'*espace vital* » vivrier du lotissement domanial de Ngousso à la communauté villageoise de Ngousso.

À Buea dans le Sud-ouest du Cameroun, les terrains abritant les plantations de la CDC (Cameroon Development Corporation) font souvent l'objet des revendications par les populations autochtones scandant de ce fait les arguments identitaires, foulant aux pieds les dispositions statutaires et réglementaires en matière foncière au Cameroun.

À l'Ouest Cameroun, plus particulièrement dans le Noun, un village appelé Koupkare Koupara, sous la pression sociale exercée par les autochtones, 152 allogènes constitués de Bamiléké (population originaire de l'Ouest Cameroun) bien que disposant de titres de propriété en bonne et due forme et dûment obtenus ont été expulsé. Cet « impeachement » reposait sur l'argument selon lequel les transactions y relatives dans le passé ne se sont pas faites sur une base égalitaire entre la valeur foncière et le montant alloué pour l'acquisition de ces terrains.

2. Le foncier, interrogé par la socio-anthropologie

2.1. La symbolique de la terre

De façon générale, la symbolique renvoie à un ensemble de symboles propres à un univers ou à un domaine ; de ce fait, elle se rapporte à un système de signes particuliers. Le symbole quant à lui, est un stimulus ou un objet qui représente autre chose que lui-même en vertu d'une analogie ou d'une association. Les travaux sur la symbolique et l'herméneutisme ont surtout été développés par les psychanalystes à savoir Jung et Lacan.

Les symboles ne sont jamais isolés et s'organisent toujours en constellation en formant un réseau. La symbolique est une émanation culturelle, ainsi pour Levi Strauss (1958 : 106)

> *Toute culture peut être considérée comme un ensemble de systèmes symboliques au rang desquels se placent le langage, les règles matrimoniales, les rapports économiques, l'art, la science, la religion. Tous ces systèmes visent à exprimer certains aspects de la réalité physique et de la réalité sociale et plus encore les relations que ces deux entités entretiennent les uns avec les autres.*

Ainsi, la terre à l'instar des végétaux, nombres, couleurs, viscères... etc. fait partie des choses à forte valeur symbolique. Cette dimension symbolique se caractérise fortement par une opposition, c'est-à-dire la terre signifie vie et mort à travers une certaine affinité logique, rationnelle et parfois causale. Cette symbolique de la terre s'identifie aussi à travers une certaine contigüité spatiale ou temporelle.

Pour le judéo-chrétien, et selon la tradition sémiotique, la terre est le symbole de toute la création. En effet, Adam qui fut la première création divine étymologiquement renvoie en Hébreux à Adamah qui signifie tout simplement « *Terre labourée* » puisée du limon du nombril de la terre sous le nom de Sion à Jérusalem. D'où les expressions telles que « *tu es poussière et tu retourneras poussière* » « terre promise » « *terre morte* ».

La mythologie grecque en ce qui concerne la symbolique de la terre a développé une approche anthropo-géographique se déclinant en :

- La surface terrestre symbolise la claire conscience ;
- Les profondeurs renvoient au subconscient ;
- Alors que les escarpements et les montagnes symbolisent le subconscient et le surmoi

S'agissant de cette conception anthropo-géographique, les étages verticaux de la terre peuvent également avoir une représentation géographique en rapport avec l'orientation des points « *cardinaux* ».

Pour Titi Nwel (2010), la terre est pour tout le monde la dernière demeure, elle se présente comme un lieu capable de procurer une paix véritable et durable ; ainsi non seulement chacun cherche à bâtir une maison, mais aussi on se « *fait toujours enterrer* » sur sa terre ou sur son propre terrain à l'exemple des ancêtres.

Pour Bachelard (1948), la terre est un archétype, comme le signifient les hiéroglyphes notamment le carré ou la croix. La terre ici est symbolisée par un ensemble de divinités. Cette bipolarisation est mise en exergue chez les Mexicains où la déesse terre est à la fois la nourricière, la bienveillance, mais aussi celle qui exige le sang sacrificiel. La terre en fin de compte, pour le judéo-chrétien et selon Lévitique Chapitre 25 et verset 23, appartient formellement à Dieu. Toutefois, l'homme pourra bénéficier d'un droit de rachat. La Bible déclare à cet effet,

Une terre ne pourra jamais être vendue de manière définitive, car la terre m'appartient, à moi le Seigneur, et vous serez comme des étrangers ou des émigrés installés dans mon pays, c'est pourquoi, dans tout le pays que je vous donnerai, vous fixerez les règles permettant à quelqu'un de racheter une de ses terres.

2.2. Le foncier et le sacré

Sans paraître trop ontologiste ni friser l'anthropomorphisme et le panpsychisme, la notion de sacré propre à l'anthropologie culturelle participe du point de vue fonctionnaliste de la démarcation ou marquer une opposition axiologique entre les différents éléments qui composent, définissent ou représentent le monde. Pour Tarot (2008), le concept du sacré est conçu par les anthropologues contemporains comme la réponse à un ensemble d'expériences propres non seulement aux sociétés archaïques et traditionnelles, mais aussi à toutes les autres cultures qui leur ont succédé.

Le sacré fait partie des données constitutives de la condition humaine, c'est-à-dire, considéré comme une catégorie universelle de toute conscience humaine face à la finitude et à sa condition de mortel.

Le sacré dans ses manifestations peut apparaître sous plusieurs formes notamment : les rites, mythes, symbole, etc.

À propos de cette typologie Eliade (1957 : 47) précise :

il subsiste des endroits privilégiés, qualitativement différents des autres : le paysage natal, le site des premiers amours, ou une rue, un coin de la première ville étrangère visitée dans la jeunesse. Tous ces lieux gardent, même pour l'homme le plus franchement non religieux, une qualité exceptionnelle « unique » : ce sont les « « lieux saints » de son univers privé, comme si cet être non religieux avait eu la révélation d'une autre réalité que celle à laquelle il participe par son existence quotidienne.

Le rapport au sacré du point de vue qualitatif est fonction du statut des individus (profanes, initiés, spécialistes).

S'il est de notoriété que l'acte de sacraliser est spécifique aux tribus primitives, aux peuples isolés et aux civilisations anciennes, Jung, Caillois et Ellut soutiennent plutôt l'idée de contemporanéité de la sacralisation. Ainsi peut-on noter que même de façon inconsciente, la sacralisation demeure un phénomène constant et présent dans les sociétés modernes.

La sacralité de la terre est mise en exergue à travers certaines pratiques et attitudes vis-à-vis du foncier en milieu africain. Ainsi, accaparer une terre inoccupée s'accompagne le plus souvent d'un rituel où le premier défricheur doit obtenir l'accord des ancêtres et puissances spirituelles. Ce lien vital indissoluble est ainsi noué entre le défricheur, son groupe et la terre.

3. La terre dans la cosmogonie africaine

3.1. Approche cosmobiologique

Selon verdier et Rochegude (1986), la terre du point de vue cosmologique est une entité naturelle et spirituelle qui participe non seulement de l'ordre de l'univers, mais aussi de l'ordre humain. De ce fait, l'être humain lui appartient et en même temps qu'il coopère à son animation et à sa fructification. Ces auteurs notent :

> *la terre apparait donc comme une ressource précieuse qu'il faut compenser et ménager. C'est une entité spirituelle à laquelle l'homme appartient ; les relations à la terre définissent par rapport à un lieu sacré où le premier occupant passa un contrat foncier avec le génie du lieu. Il devient de ce fait chef de terre et prêtre des rituels agraires.*

Toujours dans le même ordre d'idées, la terre plus qu'un simple facteur de production est une entité spirituelle, lien vital d'où procède l'homme qui, né de la terre et y retourne à la mort. Ainsi le lien qui unit l'homme à la terre est au plan cosmobiologique ce qu'est le lien entre l'enfant et ses géniteurs biologiques ; obéissant au principe de conservation stipulant que : rien ne nait de rien, rien ne retourne du néant.

3.2. Le Bantu, le foncier et l'ancestralité

La paternité du terme bantu revient à Bleek que cite Obenga (1980) pour désigner une communauté linguistique partagée par un ensemble d'ethnies disséminées en Afrique Centrale, Orientale et Australe. Cet immense espace linguistique est composé de plus de 450 langues caractérisées par une parenté morphologique, syntaxique, sémantique et même lexicologique.

Pour ce qui est des noms, dans l'univers bantu, ils sont caractérisés par des préfixes qui renseignent sur la nature et la forme. Ce sont des langues tonales avec généralement un système vocalique symétrique.

S'agissant des rapports au foncier, le bantu en général considère la terre comme appartenant aux ancêtres ; il s'agit de la terre ancestrale et ce dernier se présente comme le gardien. Le bantu du point de vue cosmique et ontologique a une vision anthropocentriste de l'univers où tout est relation avec les entités suivantes telles développées par Obenga (1980)

- Dieu, considéré comme le créateur de toutes choses ;
- Les esprits : faits d'êtres surhumains et des morts ;
- L'homme : comprenant les êtres humains qui sont en vie et ceux qui sont sur le point de naître. Les animaux et les plantes et enfin les phénomènes et objets qui ne participent pas à la vie biologique.

Grosso modo, l'ancestralité se structure autour de trois concepts à savoir : la médiation considérée plus exactement et selon une terminologie propre à Eboussi Boulaga (1977), comme la médiété qui implique la généalogie, le lignage et la parenté, à ceci s'ajoute aussi la tradition ; à côté du concept de médiation, il y a le symbole et enfin l'harmonie. L'ancêtre de ce fait joue le rôle d'intercesseur privilégié entre l'homme et Dieu. L'ancestralité est généralement conditionnée par l'intégrité physique et psychique et à travers une mort jugée naturelle. Dans la Grèce et la Rome ancienne, en Chine et au Japon, trois fonctions principales sont attribuées aux ancêtres :

Le rôle de générateur biologique, de garant de l'ordre moral et social et de protecteur.

C'est dire dans la plupart des sociétés africaines qu'elles soient traditionnelles ou modernes, l'ancêtre se présente comme le premier homme du village, du clan, de la tribu et même de la famille ; qui est « allé de l'autre côté de la vie ».

Chez les Sawa, la notion d'ancêtre est très discutée et s'acquiert par le mérite.

Ainsi pour l'anthropologue camerounais Mbondji Edjenguele (2016), l'ancêtre est perçu comme celui qui de son vivant s'est démarqué par la qualité de ses actes et actions naturellement bénéfiques pour sa communauté. Par conséquent, ne font pas partie des ancêtres, les descendants qui auraient déshonoré le clan par un comportement indigne.

Pour le Béti, s'agissant du rapport avec l'ancestralité, la mort n'est pas la fin de l'homme, mais plutôt son passage du monde des vivants. L'ancêtre dans cet univers cosmique est tout proche des vivants puisqu'il continue de vivre avec les siens comme en témoignent les rituels-funérailles.

L'ancestralité dans la structuration des rapports sociaux au foncier occupe une place de choix. Étant donné que chaque Africain est ce qu'il est, ce qu'il espère devenir, ce qu'il a en tant que descendant d'un ancêtre. De ce fait, il est considéré comme source de vie et de propriété, point de référence donc, présent dans la mémoire de ses descendants et dans le culte familier. Chez les peuples de l'Ouest Cameroun notamment chez les grassfields, l'ancestralité est prépondérante, ici, on parle du culte des ancêtres qui organise et contrôle la vie dans tous ses aspects.

Ainsi, au-delà des pures considérations idéologiques, permettant à un groupe de se créer une identité et d'agir pour la défense de ses intérêts, le concept, terre ancestrale relèverait des manifestations archétypales et de l'habitus. Ce dernier se présente à la fois comme le produit agissant de conditions sociales passées et comme le principe générateur de pratiques et de représentations, permettant à l'individu de construire des stratégies anticipatrices. L'ancestralité enfin de compte, fait de l'ancêtre le maître en lui conférant des droits sur la terre, ceux-ci se transmettant à travers la lignée. Ces droits ne peuvent s'éteindre tant qu'il y a des descendants qui à chaque fois peuvent en revendiquer l'usage et peuvent être cédés sans leur accord.

3.3. La cosmogonie africaine, le foncier et le phénomène de croire

Qu'y a-t-il dans l'esprit des Africains, quels que soient leurs cultures, leurs origines et leurs statuts socioprofessionnels à personnifier la terre et à s'accrocher à certaines croyances anthropomorphiques et pans psychiques de la terre ? Autrement, les croyances que charrie la terre résultent-elles de l'éducation ? Ou des processus de socialisation ? relèvent-elles simplement des prédispositions ? Enfin, à quels besoins répondent les croyances foncières en Afrique ?

D'entrée de jeu, disons qu'une croyance de façon générale est une attitude intellectuelle d'une personne qui tient pour vrai un énoncé ou un fait sans qu'il y ait nécessairement une démonstration objective et acceptable de cette attitude.

Grosso modo, l'objet de la croyance est ce qu'on tient pour vrai sans avoir de preuves absolues. C'est en quelque sorte un crédit accordé à un contenu de pensée.

Psychologiquement parlant, les croyances se présentent comme des entités qu'il faut nuancer entre l'acte cognitif lui-même et son contenu. La particularité d'une croyance au niveau individuel est qu'elle est ajustée et crédibilisée par celui qui y fait foi et y adhère à sa propre réalité. Elle est considérée comme vraie et de ce fait projetée sur la représentation conceptuelle de la réalité.

Ainsi, les croyances relatives à la terre répondent à un besoin qui semble s'ancrer profondément dans l'individu et ne peuvent être gérées aussi librement comme la notion de libre arbitre le laisserait imaginer.

Plusieurs thèses s'affrontent pour scruter et comprendre les attitudes des sociétés vis-à-vis de la terre.

Comme nous l'avons souligné plus haut, les croyances en rapport avec la terre font partie des constituants de l'habitus qui se présente comme organisateur et structurateur des représentations sociales.

Dans une terminologie propre à la psychologie sociale, on pourrait aussi parler de « *themata* » qui se définissent comme des éléments référentiels et structurels qui orientent les représentations sociales.

Ensuite, on associe la croyance pan psychique et anthropomorphique de la terre à l'évitement des situations potentiellement dissonantes. Cette dernière étant considérée comme un malaise psychique dû au fait que l'on est partagé entre deux ou plusieurs idées contradictoires. Or, l'homme pour son équilibre aurait besoin de cohérence logique et d'harmonie affective.

Aussi, les croyances à la terre comme entités spirituelles et surnaturelles seraient le reflet d'un ensemble de schèmes qui se sont ancrés à un niveau de fonctionnement sociocognitif propre à une société, groupe ou une communauté. Le schème serait ce qui dans une action est transposable en des situations analogues.

De même, les croyances foncières à l'instar des autres structures cognitives fonctionneraient comme des « *filtres cognitifs* » dans le traitement de l'information.

Enfin, le rapport de l'individu vis-à-vis des croyances foncières serait primitivement déterminé par sa relation à sa mère. C'est-à-dire la qualité de la relation de l'enfant avec sa mère déterminera un ensemble de croyances profondément ancrées sur l'individu ; d'inspiration psychanalytique et sous la bannière de Winnicott (1957), celui-ci soutient que c'est le « *bon fonctionnement* » du lien à la mère qui permet à l'enfant d'organiser son moi de manière saine et stable.

Si les croyances foncières ont une assise collective ; celles-ci remplissent une fonction utile dans la mesure où l'homme se donne des croyances pour répondre à des situations dépassant son entendement et peu difficiles, et aux situations problématiques.

Malinowski que cite Cot & Mounier (1974 : 81) écrit *« dans tous les types de civilisation, chaque coutume, chaque objet matériel, chaque idée et chaque croyance remplit une fonction vitale quelconque ».* Cette prise de position relevant du fonctionnalisme universel débouche sur le postulat selon lequel l'adhésion ou la force d'une croyance varie selon les individus et chez une personne selon les moments de son existence ; invitant parfois à une démarche scientifique différentielle même s'il y a lieu de noter que l'inclinaison aux croyances serait aussi liée aux données caractérologiques à savoir l'amabilité et l'esprit consciencieux dérivant des données génétiques.

4. La terre dans la cosmogonie des aires culturelles beti-fang-bulu, chez les peuples des grassfields, soudano-sahélien et chez les Sawa

4.1. Chez les beti-fang-bulu

Pour Laburthe Tolra (2009), le nom beti étymologiquement dérive de « *Nti* » qui signifie « *Seigneur* » et « *noble* » ; beti est le pluriel de « *Nti* ». Pour certaines légendes et certains mythes les Béti viennent de l'autre côté de la Sanaga, fleuve qui ont traversé sur le dos d'un totem notamment d'un gros serpent noir suite à leur refus catégorique de se faire islamiser.

Pour Mbede (1987 : 47), *le terme Béti peut s'employer soit au singulier, soit au pluriel. Béti ; les Hommes ou alors un homme Béti au pluriel, le terme désigne donc plusieurs personnes et au singulier, une personne. Le terme Béti peut être aussi une formule de politesse à l'endroit d'un homme respectable. Il sera alors utilisé dans ce sens au pluriel de majesté.*

Les Béti sont des bantous, ba-ntu, qui constituent un ensemble linguistique désignant aussi un groupe humain présentant des caractéristiques physiques, communes et un style de vie caractérisé par les activités agricoles. Les Beti ont pour ancêtre « *nanga* » avec pour descendants : kolo-beti, éton-beti, mvele-beti, mvan-beti, meka-beti, bulu, la seule fille, et avec pour benjamin ntumu. Les beti du point de vue géographique sont principalement installés au Cameroun dans les régions du Centre, l'Est et du Sud. Au niveau des croyances religieuses, avant l'arrivée des Européens, les Béti reconnaissaient et croyaient à un seul Dieu ; appelé « *Zamba ntondobe* » ou « *ntondobo* » c'est dire, les Béti étaient monothéistes. La société Béti de nature pluricéphale et atomisée se présente comme une société à caractère égalitaire où tous les hommes sont égaux. Chez le Béti, la terre appartient à la communauté. Il s'agit entre autres de la terre lignagère. Celle-ci est désignée du point de vue onomastique et toponymique par « *simekoa* » « *terre-pierre* », si la terre est personnifiée et divinisée, elle incarne la force et symbolise la rigueur. D'autre part, la terre représente la force, la puissance, la maternité, dépositaire de la vie puisque c'est de là que jaillit l'eau, se présentant comme la dernière demeure des hommes. La terre en pays Beti est inégalement répartie entre les lignages c'est ce dernier qui établit les règles. Les prestations foncières ici renvoient aux rapports de pouvoir entre les cadets sociaux, les aires ; entre aussi les lignages dominants et dominés.

4.2. La terre chez les peuples des grassfields

Du point de vue sociologique, ce sont des régions qui sont peuplées par les bamiléké qui, s'agissant de leur origine, seraient les descendants des baladis qui suite au mouvement migratoire sont partis de l'Égypte au IXe siècle de notre ère et se sont installés en région Tikar avant de connaître une certaine division vers les années 1360 suite au décès de Ndeh.

En matière spirituelle, contrairement au groupe beti-bulu- fang, le bamiléké a hérité de l'Égypte antique une pratique assez particulière à savoir le culte des ancêtres et des divinités.

La chefferie occupe une place assez particulière dans la mesure où c'est autour d'elle que se concentrent les pouvoirs ; mais la mise en œuvre est fortement influencée par le « *conseil des sept* ». La société bamiléké se caractérise par le respect de l'autorité comme valeur suprême et cardinale. Le chef s'appelle fo'o, il est issu de la dynastie fondatrice du village et son autorité est prépondérante dans presque tous les domaines à savoir : les personnes, les biens et surtout la terre. Ici, le chef est reconnu comme le seul détenteur des terres.

D'après Fotsing, (1995), la chefferie bamiléké est une entité territoriale autonome. La terre est traditionnellement le bien collectif de tous les habitants, mais son attribution se fait exclusivement aux hommes originaires de la chefferie et en âge de s'installer. Dans cette perspective, les chefs de famille concèdent aux femmes des droits de culture sur les portions du domaine familial, mais elles sont exclues de l'appropriation et de l'héritage foncier.

4.3. La terre chez les Soudano-sahéliens

Le sahélien tire son origine de l'arabe sah'l qui signifie plaine, terrain plat ou terre plate. Les régions soudano-sahéliennes se caractérisent par une présence substantielle des pluies, ainsi cette zone est constamment en proie à la sécheresse. Le sahel regroupe les terres du Sud du sahara en passant par le Cap-Vert. Du point de vue social, les rapports sociaux sont régis par les dispositions coraniques ainsi, la religion musulmane ici est prédominante. C'est une société en termes d'organisations regroupées autour des lamidat et sultanat, gardiens des traditions musulmanes. Les populations ici vivent de façon regroupée dans les cases appelées sarés.

Les conceptions de la terre ici sont très mitigées. Toutefois, la thèse dominante est la forme sphérique ; à côté de cette thèse, il y a ceux qui soutiennent et défendent l'idée selon laquelle la terre est plate. Pour Cheikh Abdoul Aziz, autorité religieuse suprême : *« la terre est plate, quiconque clame qu'elle est sphérique est un athée méritant un châtiment »* (1995).

S'agissant des rapports liés au foncier, la terre d'après le droit musulman appartient à Dieu, mais mise à la disposition des hommes pour qu'ils la mettent en valeur. La terre revient ici à ceux qui la travaillent, mais ces derniers ne peuvent cependant que s'approprier de la superficie correspondante à leur capacité réelle d'exploitation. Ici chez les femmes, l'acquisition de la terre se fait par le truchement du chef de famille ou par la belle-mère qui prélève sur ses propres parcelles une petite parcelle individuelle.

4.4. Chez les Sawa

Les Sawa laconiquement appelé « *côtiers* » font partie des groupes ethniques qui composent le peuple bantou. Du point de vue géographique, les Sawa du Cameroun sont principalement concentrés sur les régions du Littoral pour ce qui est des zones francophones. Une partie moins négligeable se trouve également dans le Sud-ouest pour ce qui est des zones anglophones. Au Sud du Cameroun, on trouve les Sawa au niveau de la côte atlantique et de la Guinée équatoriale, notamment les Batanga et les Yassa.

Les Sawa à l'instar de la grande majorité des autres peuples bantou ont développé une conception très anthropocentrique du monde, basée sur les relations que l'être humain entretient avec le cosmos, d'où leur sens très élevé de la cosmogonie. Celle-ci se décline par un ensemble de pratiques spirituelles basées sur l'idée d'un monde visible et invisible, le tout incarné par le « Jengu » et actualisé par le « ngondo ».

Chez les Sawa, contrairement aux autres aires culturelles où la terre se présente comme une entité spirituelle, divinisée et personnifiée, les sawa par contre ont développé des pratiques culturelles et religieuses basées sur l'univers aquatique. Mbondji Edjenguele (2012 : 45) soutient *:*

> *Le Sawa a développé des pratiques religieuses fortement liées aux forces naturelles aquatiques ; ils constituent leur patrimoine aquatique comme bien naturel et spirituel, abritant leur divinité au nom de "Jengu" appelé aussi communément « mamiwater » ou l'esprit de l'eau. Le "Jengu" est une représentation mystique de toutes les puissances des esprits de l'eau faisant partie intégrante de la vie des peuples sawa.*

C'est dire que le « *Jengu* » pour le Sawa non seulement, participe du référentiel identitaire, mais aussi constitue une espèce de médiation entre le peuple et l'ancêtre.

CHAPITRE 5 :

DU PRINCIPE IMMÉDIAT À LA MÉDIATION DANS LES RAPPORTS HOMME-UNIVERS

Nous avons dans le développement antérieur identifié et analysé les rapports au foncier sous l'angle socio-anthropologique mû et vivifié par la prééminence et la prépondérance du symbolique et de la sacralité. Il s'agit d'un type particulier de rapport qualifié de « médiat » invoquant une progression passive et progressive des connaissances. Selon un modèle cognitiviste innéiste au sens de Chomsky (1991) et de Fodor (1993). Il est question d'un modèle unilatéral caractérisé par l'inatteignable, l'inquestionnable, le suprahumain et la soumission, etc. ;

Actuellement, il est question d'envisager les rapports à l'univers à travers une démarche phénoménologique se déclinant à travers une posture épistémologique à savoir le constructivisme social qui soutient que le processus de construction du monde est psychologique ; c'est-à-dire, il s'opère dans la tête. Pour le constructiviste, la réalité n'est pas immédiatement connaissable, mais construite par l'esprit humain. Il est important de rappeler que la paternité du terme « constructivisme » revient à Piaget dans le cadre de l'élaboration de son projet d'épistémologie génétique en rapport avec l'élaboration des connaissances chez l'enfant. Ledit modèle caractérisé par la médiation à travers certains processus psychosociaux et donc toute objectivation se décline en un triptyque conceptuel à savoir : l'environnement, l'espace et la territorialité. Il ne s'agit pas d'une posture participant à la désubstantialisation, mais plutôt une approche empreinte de décloisonnement.

1. Qu'est-ce que l'environnement ?

L'environnement est un terme polysémique et parfois ambigu. C'est pourquoi il est souvent galvaudé. Au sens courant, l'environnement se rapporte à l'ensemble des conditions physiques, chimiques, socioculturelles et économiques susceptibles d'influencer les activités humaines et celles des organismes vivants en général.

Au regard de sa nature englobant, on peut croire que tout est environnement.

Néanmoins, face à ce flou, le concept d'environnement peut tout simplement renvoyer à tout ce qui est extérieur à l'individu.

Dans l'ancien français, le terme environnement désigne l'action d'entourer et/ou le résultat de cette action. Il est de nature transdisciplinaire et d'un usage courant dans la littérature scientifique. Le concept d'environnement est parfois assimilé à celui de milieu qui semble plus ductile, extensible et plastique.

Il existe une espèce de complicité voire d'isomorphisme entre les rapports au foncier et l'environnement « *objectif* » ou physique et de l'environnement *« subjectif ».* C'est pourquoi pour Bloch et al (2001 : 336) *« l'environnement a un caractère unique pour chacun et les conduites ne résultent pas d'un double jeu de déterminants individuels et situationnels, mais d'une interaction transaction entre l'individu et son environnement »* cette interaction se caractérise par leur nature protéiforme. C'est dans ce sens que Morval (2013) soutient, l'environnement est donc à la fois ce champ d'interactions inépuisable et cette réalité infiniment complexe avec laquelle nous entretenons de multiples transactions.

C’est dire que la manière dont l’environnement est perçu et évalué par l’individu, en relation avec ses expériences passées et son système de représentations propres, détermine ses comportements. Ainsi, la relation entre l’individu et l’environnement est sous-tendue par certains processus cognitifs donnant une signification particulière propre à chaque individu et à chaque environnement. De ce fait, la dynamique interactionnelle modulée par l’acte perceptif et l’évaluation se font à plusieurs niveaux, intégrant les savoirs que doit posséder l’individu pour survivre dans son environnement.

2. Les niveaux de référence sociaux spatiaux

Si les rapports à l’espace sous l’angle symbolique sont marqués par une asymétrie dominante, une concrétisation et un caractère exclusif à l’opposé, les rapports symétriques par contre se distinguent plutôt par différents niveaux de référence sociaux, spatiaux et stratifiés. Ainsi, les psychologues environnementalistes ont pu identifier quatre niveaux de référence sociaux spatiaux se présentant comme suit :

Le microenvironnement, celui-ci concerne l’espace privatif en rapport avec l’individu et la sphère familiale. Il s’agit d’un espace restreint se déclinant en logement et en poste de travail.

Le méso-espace : c’est l’environnement de proximité partagé, qui concerne les relations interindividuelles et les collectivités proches ; comme typologie, nous avons les espaces semi-publics, l’habitat collectif ;

Le macro-espace : il se rapporte à l’ensemble des environnements collectifs ; intégrant les relations interindividuelles et les communautés ;

L'environnement global : celui-ci concerne l'environnement dans sa globalité : il résulte des constructions sociales et relève de l'environnement physique.

L'analyse des niveaux de référence sociaux spatiaux met fortement en exergue l'existence d'une psychologie de la relation à l'altérité et une psychologie de l'espace-temps incluant les perceptions et les attitudes en rapport avec le contexte physique et social dans lequel l'individu se trouve.

3. Le rôle du contexte dans la relation individu-environnement

Pour Nambo (2002 : 332)

> *« Dans toute société humaine, les institutions ne peuvent être parfaitement compréhensibles que si on les ramène aux logiques qui les produisent et les sous-tendent dans le temps et dans l'espace ».*

Ainsi on ne saurait examiner le rapport individu-environnement sans une prise en compte de l'ensemble des circonstances sociales et culturelles dans lesquelles s'insère cette dyade.

Toute l'importance accordée aux données dites « contextuelles » participe d'une mise en relation de quelque chose avec quelque chose d'autre ou avec une réalité. C'est au regard de ce qui précède que Paillé (2013 : 37) soutient que

> *« L'esprit de l'homme procède toujours par contextualisation pour trouver les significations des choses. Le sens nait toujours d'une confrontation d'un phénomène remarqué à des éléments dits « contextuels » dans lesquels il prend place. Aucun phénomène ne peut exister en lui-même dans le vide environnemental ».*

En rapport avec ce qui précède, des auteurs comme Altman (1987) y font fortement référence ; ainsi, faisant allusion aux dimensions sociales et culturelles, la psychologie environnementale appréhende l'individu dans sa relation avec les différents espaces au travers du contexte socioculturel dans lequel il évolue et à travers son histoire ; d'où l'importance de la dimension transhistorique dans l'analyse des phénomènes sociaux.

De même, cette interaction sera également tributaire de la projection de l'individu dans le futur en relation toujours étroite avec l'environnement dans lequel l'individu est en interaction ; cette dernière intègre toute action conjointe conflictuelle et/ou coopérative, mettant en présence deux ou plusieurs acteurs.

4. La psychologie environnementale et la relation individu-environnement

L'un des objectifs que se donnent la psychologie environnementale c'est, d'identifier et de participer à la compréhensibilité des processus qui régulent et médiatisent la relation de l'individu avec l'environnement, en mettant en exergue les perceptions, les attitudes, les représentations et les comportements y afférents. Elle s'intéresse aussi aux cognitions en rapport avec l'environnement.

Dans cette démarche, on retrouve aussi bien l'orientation spatiale, les comportements sociaux spatiaux, l'espace personnel et les comportements territoriaux. De ce fait, la psychologie environnementale qui est fille de la psychologie sociale s'intéresse aussi bien aux affects et conditions environnementales sur les comportements et conduites humaines qu'à la façon dont l'individu perçoit ou agit sur l'environnement. Ainsi la psychologie environnementale repose sur une meilleure compréhension et prise en compte des interrelations complexes qui se structurent entre l'individu et son environnement ; interrelation de nature consciente ou non.

Historiquement, la psychologie environnementale s'est formalisée dans les années 1970 avec pour premier centre d'intérêt et domaine d'étude, l'architecture, l'anthropologie et la nécessité de prendre en compte la dimension humaine dans l'aménagement de l'environnement ; elle tient de ce fait à mettre l'accent sur la dimension humaine dans les projets et réalisations, et cherche à mieux cerner les comportements et attitudes des individus vis-à-vis de l'environnement.

5. L'espace : un concept idéal-type et transdisciplinaire

L'espace est un terme aux sens multiples ; toutefois bien que compris et approprié de tous, il présente une certaine ambiguïté. S'agissant de son usage, il est souvent utilisé comme synonyme de lieu, d'emplacement voire d'interstice ou d'intervalle. Un flash-back sur la littérature se rapportant à l'espace, grosso modo, nous présente une thèse très discutée. Pour Mach (1987) d'inspiration kantienne, le temps et l'espace ne sont pas « *dans les choses* », mais en nous. Ces derniers se présentent comme des éléments relevant de la perception, c'est-à-dire, n'ont d'existence que grâce aux sens.

A contrario, le phénoménalisme qualifié d'empirique a fait l'objet d'une critique acerbe ; pour Newton (1883) que cite Lecourt (1999 : 375) « *l'espace et le mouvement absolus ne sont pas donnés par l'expérience : ils sont une extension abstraite hors de l'expérience et que rien ne légitime, sinon le besoin de rapporter les accélérations à l'espace absolu* ». Le concept d'espace se distingue par son double versant ; il se caractérise aussi bien par sa dimension nouménale que phénoménale. Il est tributaire des représentations culturelles.

En Grèce, notamment au Ve siècle avant notre ère, l'espace était perçu comme asymétrique. Ainsi, selon la culture hellénique, la droite et la gauche en rapport avec l'espace sont chargées de significations symboliques diamétralement opposées entre le positif et le négatif. En occident, dominer l'espace, c'est construire une représentation abstraite.

Le dictionnaire de la pensée stratégique (2000) révèle que le concept d'espace occupe une place centrale et fait partie de la dimension de l'action, ainsi il est considéré comme le milieu où se situent les corps et les mouvements. C'est pourquoi en stratégie, l'espace tout comme le temps se présentent comme les dimensions déterminantes et fondamentales, où se conçoit et se développe l'activité stratégique ; raison pour laquelle ils représentent le premier enjeu de la stratégie.

5.1. L'espace vital

Si Mach (1887) a surtout fait allusion à l'espace physiologique et géométrique, le concept d'espace vital est omniprésent dans tout débat se rapportant à l'espace. C'est une notion qui a surtout connu son développement avec les travaux de Lewin (1947) pour qui l'espace vital n'est autre que le champ psychologique qui englobe la personne et son environnement. Or, le champ psychologique selon cet auteur relève de tout ce qui désigne les faits psychiques, biologiques, sociaux, conscients et inconscients existants à un moment donné pour un individu ou un groupe, dont il influence le comportement. Dans cet espace se trouvent de véritables interdépendances ; susceptibles de déterminer le comportement de l'individu dans un cadre spatio-temporel bien défini. En limitant l'étude d'un sujet à son espace vital, Lewin (1947) se contenterait d'appréhender sa situation psychologique concrète. De ce fait, il accorde moins d'importance aux facteurs et prédictions lointaines, car ils peuvent à tout moment être influencés par les événements imprévisibles du monde extérieur.

6. La territorialité

C'est un concept qui s'applique de manière générale à toutes les personnes qui sont sur le territoire. Il revêt toute sa signification à partir d'une analyse éthologique. Ainsi le territoire signifie un endroit particulier qu'une vertèbre par son cri, son odeur ou d'autres signes marque son territoire.

La territorialité obéit au principe de ce qu'il convient d'appeler « *distance critique* » qui n'est autre qu'un principe régissant les rapports entre individus. Il s'agit de manière concrète pour un individu, une communauté ou un groupe de s'installer en un lieu et le défendre aux individus de même espèce et surtout d'un même état physiologique ; d'où le conflit de territoire en cas d'intrusion. La territorialité chez les humains est fonction des endroits. Elle met en exergue ; le fait que chaque individu est dominant chez lui, fruit de la familiarité avec son espace dont les repères sont maîtrisés.

Le rapport au territoire en science politique relève d'un acte phénoménologique à travers une construction sociale. Il s'agit d'une tentative faite par un individu ou un groupe d'affecter, d'influencer ou de régir les personnes, des phénomènes ou des relations en délimitant et en contrôlant une aire géographique. Ainsi pour Hermet et al (2001), le territoire est lié à une histoire, une culture et un contexte. C'est pourquoi la territorialité fait référence aux éléments suivants :

- Son contenu socioculturel ;
- Sa reconnaissance collective et enfin ;
- L'existence de quelques structures spatiales résultant des rapports et de l'emprise de l'homme sur l'espace.

Toutefois, on peut en termes de typologie identifier trois types de territoire à savoir : le territoire primaire, public et le territoire secondaire.

7. Dominance territoriale

Le concept de territoire est une notion plurivoque, impliquant plusieurs réalités ; tout autour d'elles gravite un ensemble de concepts. Parmi ceux-ci, nous avons : la défense, l'aménagement, la puissance, la surveillance, le marquage, etc.

Stricto Sensu dominer, c'est exercer une influence qui l'emporte sur les autres. La dominance implique la suprématie et la majorité psychologique. Ainsi les personnes ont tendance à dominer les rencontres qui se tiennent sur leur terrain. C'est ce qui explique les meilleures performances des équipes qui disputent des rencontres en sport collectif sur leur propre terrain. Cette propension à pouvoir dominer résulte d'une mise en combinaison d'un ensemble de facteurs aussi bien psychologiques, sociaux historiques que géographiques.

Il est important de savoir que les êtres vivants à l'instar des animaux manifestent également la dominance territoriale c'est pourquoi le territoire porte souvent des marques de dominance à travers des décorations, reflétant les personnalités des occupants et traduisant aussi un indice de contrôle.

En stratégie telle développée par Gere (2000), la notion de dominance s'objective à partir du concept de fortification qui remplit trois fonctions essentielles à savoir : interdire l'accès à un lieu, empêcher le passage dans une zone et enfin ralentir le mouvement des forces des ennemies.

DEUXIÈME PARTIE :

DIMENSION SOCIOJURIDIQUE DU FONCIER

CHAPITRE 6 :

LES RÉGIMES FONCIERS EN AFRIQUE

1. Nature et fondements juridiques

Hérités des modèles juridiques coloniaux, la plupart des régimes fonciers en Afrique subsaharienne se caractérisent par une superposition du droit moderne sur le droit coutumier.

De manière générale, cet « héritage colonial » est le reflet des modèles français et britannique. À cet effet, une des techniques du système français était l'immatriculation qui n'est que l'action d'inscrire le nom et le numéro d'une personne et surtout d'un bien immobilier sur le registre en vue de l'identifier. Cette technique inspirée de *« l'Acte torrents »* était en contradiction avec les modèles d'appropriation fonciers qui avaient cours en Afrique. À travers l'immatriculation, l'État, les collectivités publiques pouvaient devenir propriétaires. Il s'agissait en fait pour l'administration coloniale de redéfinir les rapports au foncier et modifier les anciennes méthodes d'appropriation ; d'où l'introduction de la notion de domaine de l'Etat et la tentative de généraliser auprès des autochtones de la propriété privée à travers l'immatriculation des terres.

Rappelons que le régime de l'immatriculation inspiré du système australien du **Real property** fut institué et appliqué en Afrique Équatoriale française en 1889. Toutefois, ce régime se fera appliquer de manière effective qu'à partir de 1909. C'est le décret du 20 juillet 1932 portant réorganisation du régime de la propriété foncière en AOF (Afrique-Occidentale Française) qui va l'abroger ;

malgré le fait que ces dispositions n'ont pas apporté d'innovations particulières.

La technique d'immatriculation avait pour bras séculier le domaine public résultant du décret du 28 septembre 1928 pour l'AOF (Afrique-Occidentale Française) ; sur le plan foncier, le domaine public intégrait : la terre, les rivages de la mer et les rives des fleuves. Le modèle colonial britannique caractérisé par le paradigme de l'administration indirecte se structure autour de l'idée selon laquelle administrer et gouverner localement devraient autant que possible être déléguées aux chefs coutumiers, la coutume à titre de rappel, étant l'une des sources du droit et notamment la plus ancienne. Pour Bergson, elle est assimilée du point de vue philosophique aux données « *immédiates de la conscience* ». La référence britannique en matière judiciaire se caractérisait par sa nature hétérogène et diverse comme en illustre cette prise de position de CONAC et al (1998 : 51)

> *Il n'y avait aucun principe uniforme et prépondérant appliqué sur tous les territoires coloniaux britanniques d'Afrique, et encore moins une uniformité dans les structures et dans les pratiques. Cette situation peut s'expliquer, au moins en partie par l'aversion des Britanniques pour les schémas idéologiques préconçus et par leur préférence pour les réponses pragmatiques et par conséquent forcément locales à la situation et aux besoins de chaque territoire.*

2. Les normes foncières traditionnelles en Afrique

Avant de nous pencher sur la question des normes foncières traditionnelles en milieu africain, disons de manière succincte que l'univers coutumier africain malgré ses particularités hétérogénéiques, sa nature plurielle et sa diversité présente néanmoins certains caractères généraux avec pour prééminence et prédominance le concept de groupe par rapport aux individus. En fait, le groupe a une ascendance sur les individus. Le groupe ici étant défini comme un ensemble humain structuré dont les éléments, de manière réciproque s'influencent.

Dans un tel contexte, il est indubitablement reconnu que le statut juridique de chaque membre est tributaire de l'appartenance à une catégorie sociale (sexe, classe d'âge, statut, filiation, caste).

Il en résulte de ces particularismes un certain nombre d'interférences, à pouvoir distinguer de manière claire le droit public du droit privé d'une part et d'autre part le droit pénal du droit civil.

Ainsi toute infraction ou atteinte portée au patrimoine ou à un tiers engage entièrement le groupe.

Pour ce qui est de la nature coutumière du droit, elle s'explique par la civilisation et les alliances. Toutefois, il est important de signaler que le droit coutumier africain renvoie aux droits en vigueur applicables avant la colonisation. Droit émanant des pratiques séculaires, sociales ; bien que n'étant pas consigné sur des documents écrits.

Disons que dans la société traditionnelle, le chef était investi d'un pouvoir charismatique et sa mission principale était de veiller sur ses concitoyens en garantissant leur sécurité et en tranchant les litiges de ceux-ci, entouré d'un collège de notables, gardiens de la tradition au prisme des valeurs morales qui constituent le socle sur lequel est bâtie la société. Mentionnons qu'à l'époque précoloniale, les coutumes africaines se caractérisaient comme nous l'avons souligné plus haut par leur richesse bien que se distinguant d'une communauté à une autre et d'une ethnie à une autre. Pour ce qui est de l'alliance, il est à noter que selon la vision cosmogonique africaine, il existe une alliance sûre entre les dieux et les groupes humains. Le droit foncier s'exerce en fonction des alliances à travers les groupes de parenté, les familles restreintes ou élargies fondées sur une consanguinité réelle ou supposée.

CHAPITRE 7 :

LE RÉGIME FONCIER ET DOMANIAL AU CAMEROUN

La législation foncière camerounaise, héritage de la colonisation, a su concilier le système foncier allemand, français et anglais. À travers la réforme de 1974, elle a institué trois catégories de domaines fonciers à savoir : le domaine privé, le domaine public et le domaine national.

1. Le domaine privé

Selon l'ordonnance de 74/2/ du 6 juillet 1974, font partie du domaine privé : les terres abritant des édifices publics, des biens acquis par l'État notamment à titre gratuit ou onéreux, des biens provenant de l'expropriation, les concessions rurales ou urbaines frappées de droit de reprise, les terres acquises sous le régime de la transcription. Le domaine privé de l'État peut abriter les services publics cédés aux personnes morales de droit public.

2. Le domaine public

Le domaine public est constitué de l'ensemble des terrains ne pouvant faire l'objet d'une propriété individuelle. Le domaine public désigne également l'ensemble des biens meubles et immeubles qui par nature ou par destination sont affectés à un usage public ou au service public. Le domaine public se subdivise en domaine public naturel et domaine public artificiel.

3. Le domaine national

C'est l'ensemble des terres qui à la date d'entrée en vigueur de l'ordonnance de 1974, n'étaient classées ni dans le domaine public ni dans le domaine structurel. En principe, le domaine national est géré par l'État. Il constitue une catégorie exceptionnelle qui se définit par soustraction à l'ensemble des terres ne faisant partie ni du domaine de l'État et des autres personnes publiques ni du domaine des particuliers. Le domaine national est la propriété de la nation comme l'indique son nom. De ce fait, il est administré par l'État en vue d'en assurer une utilisation et une mise en valeur rationnelles, c'est pourquoi l'article 16 de l'ordonnance de 1974 stipule :

> *Les dépendances du domaine national occupées ou libres de toute occupation effective, sous la forme d'une concession provisoire et sous condition résolutoire de mise en valeur. Celle-ci étant la condition du passage de la concession définitive emportant pleine propriété et par conséquent, l'immatriculation du terrain. Une fois établi, le titre foncier est inattaquable, intangible et définitif sauf erreur ou irrégularité constatée par les autorités compétentes.*

Le domaine national peut être subdivisé en deux catégories :

- Les terrains d'habitations, les terres de cultures, plantations, pâturages ;
- Les terres libres de toute occupation effective.

Ainsi, les dépendances du domaine national sont attribuées par voie de concession, bail ou affectation dans les conditions déterminées par l'article 18 qui précise : en vue de la réalisation des opérations d'intérêt public, économique et social, l'État peut incorporer dans son domaine privé ou dans celui des autres personnes morales de droit public des portions du domaine national.

4. De l'atteinte à la propriété domaniale et de la fiscalité foncière

Les dispositions réglementaires en matière foncière conduisant à une propriété sont régies par l'ordonnance de 1974. C'est dire qu'une propriété s'acquiert par :

- L'établissement d'un titre foncier ;
- L'inscription diverse dans le titre foncier ;
- La délivrance de relevé des inscriptions du titre foncier ou de divers certificats à la demande des personnes morales.

Pour ce qui concerne les atteintes à la propriété domaniale, il est à noter que l'occupation illégale d'une propriété foncière est régie par la loi n° 80/22 du 14 juillet 1980. Comme sanctions pénales, il est à noter que sont passibles d'une amende de 50 000 à 200 000 F et d'au moins 3 ans ou de l'une de ces deux peines ceux qui exploitent ou se maintiennent sur un terrain sans autorisation préalable du propriétaire y compris les agents de l'État pour complicité dans une transaction foncière et même ceux favorisant l'occupation irrégulière de la propriété d'autrui. Ces dispositions sont également valables aux individus qui en violation de la législation en vigueur exploitent ou se maintiennent sur une parcelle du domaine privé ou sur une dépendance du domaine public ou du domaine national.

TROISIÈME PARTIE :

DIMENSION PRAXÉOLOGIQUE ET HEURISTIQUE

CHAPITRE 8 :

L'EXPROPRIATION AU CAMEROUN

1. Qu'est-ce qu'exproprier ?

Exproprier connote l'idée de déposséder légalement quelqu'un de la propriété d'un bien. Elle a été définie par Lemasurier (1998) comme une procédure à la fois juridique qui permet à l'État de contraindre une personne publique ou privée à céder la propriété d'un immeuble ou d'un droit réel immobilier à une personne privée moyennant certaines garanties et le paiement d'une indemnité juste et préalable. L'expropriation est à distinguer à d'autres atteintes à la propriété notamment : les préemptions, les réquisitions et la nationalisation.

La première étant l'action d'acheter avant un autre, et désignant la priorité dont jouit un acheteur, soit par la loi soit par la convention des parties. La réquisition par contre serait une opération par laquelle l'administration exige une prestation d'activités ou une remise de biens. La nationalisation par contre est le transfert à la collectivité nationale du contrôle et de la propriété (totale ou partielle) des moyens de production appartenant à une entreprise privée ou de l'exercice de certaines activités.

Historiquement, jusqu'au début du XXe siècle, l'expropriation avait pour objectif principal la protection de la propriété privée. C'est par la suite qu'elle est devenue un argument de défense de l'intérêt général, du coup se posent des questions sur sa légitimité. C'est pourquoi certaines juridictions administratives recherchent maintenant de savoir si les avantages d'une telle opération l'emportent sur les inconvénients et si le coût n'est pas exagéré.

2. L'expropriation : Dispositions légales et réglementaires

Au Cameroun, la procédure d'expropriation pour cause d'utilité publique est réglementée par les dispositions de la loi n° 85/009 du 14 juillet 1985 et de son décret d'application n° 87/1872 du 16 décembre 1987. Il s'agit là d'une abrogation de l'ordonnance n° 74/3 du 6 juillet 1974 relative à la procédure d'expropriation pour cause d'utilité publique. La procédure d'expropriation est préalable pour la réalisation des objectifs d'intérêt général. L'État peut recourir à la procédure d'expropriation pour cause d'utilité publique, conformément aux dispositions de la loi n° 85/009 et son décret d'application.

3. Expropriation : formalités préalables et procédures

Tout département ministériel désireux d'entreprendre une opération d'utilité publique saisit le Ministre chargé des Domaines par un dossier préliminaire en deux exemplaires comprenant :

- Une demande assortie d'une note explicative indiquant l'objet de l'opération ;
- Une fiche dégageant les caractéristiques principales des équipements à réaliser.

Ladite fiche doit nécessairement comporter les éléments d'informations suivants :

- La superficie approximative du terrain sollicité dûment justifiée ;

- L'appréciation sommaire du coût du projet y compris les frais d'indemnisation ;
- La date approximative de démarrage des travaux ;
- La disponibilité des crédits d'indemnisation avec indication de l'imputation budgétaire ou de tous autres moyens d'indemnisation.

Lorsqu'il juge le projet d'utilité publique, le Ministre chargé des Domaines prend un arrêté déclarant d'utilité publique (DUP) les travaux projetés.

Cet arrêté définit également le niveau de compétence de la commission de constat et d'évaluation chargée de l'enquête d'expropriation.

L'arrêté de déclaration d'utilité publique est notifié au Chef du département initiateur du projet et à l'autorité désignée pour présider les travaux de la commission de constat et d'évaluation.

4. De la déclaration d'utilité publique

L'arrêté de déclaration d'utilité publique est suspensif de toute transaction et de toute mise en valeur sur les terrains concernés.

Aucun permis de construire ne peut, sous peine de nullité d'ordre public, être délivré sur les lieux.

Est uniquement admise, la poursuite des procédures d'immatriculation portant sur des dépendances du domaine national de première catégorie au profit de leurs occupants ou de leurs exploitants.

L'arrêté de déclaration d'utilité publique devient caduc, si dans un délai de deux ans à compter de la date de sa notification au service ou organisme bénéficiaire, il n'est pas suivi d'expropriation effective. Sa validité ne peut être prorogée qu'une seule fois par arrêté du Ministre chargé des Domaines pour une durée n'excédant pas un an.

Toutefois, il conviendrait en conséquence de le notifier aux administrations et organismes concernés en leur rappelant l'obligation de célérité qui leur incombe dans la conduite des opérations d'expropriation.

5. De la commission de constat et d'évaluation

Pour des besoins de fluidité et d'efficacité, des commissions de constat et d'évaluation sont mises en place au niveau national, régional ou départemental par l'arrêté du Ministre chargé des Domaines.

Ces commissions sont ensuite convoquées :

- Au niveau départemental, par arrêté préfectoral ;
- Au niveau régional, par arrêté du Gouverneur ;
- Au niveau national, par arrêté du Ministre chargé des domaines.

La composition desdites commissions est fixée par l'article 5, et les modalités de leurs concernés. Le résultat de ces négociations préalables est soumis au Ministre chargé des Domaines qui peut déclarer d'utilité publique les travaux envisagés en vue de faire conduire la procédure d'expropriation sus-détaillée.

Outre le montant des indemnités d'expropriation fixé conformément aux dispositions de l'article 3 (2) de la loi n° 85/009 susvisée, le décret d'expropriation désigne l'autorité chargée de prendre la décision de mandatement des crédits correspondants.

Il n'est dû aucune indemnité pour la destruction des constructions vétustes ou menaçant ruine ou de celles réalisées en infraction aux règles d'urbanisme ou aux dispositions législatives ou réglementaires fixant le régime foncier.

6. Des régimes juridiques assimilés à l'expropriation : L'incorporation et le classement.

Le régime d'incorporation mentionné par l'article 18 de l'ordonnance n° 74/1 du 6 juillet 1974 fixant le régime foncier, obéit aux mêmes règles procédurales que celui de l'expropriation ci-dessus rappelé.

De même, le régime du classement au domaine public artificiel prévu à l'article5 de l'ordonnance n° 74/2 du 6 juillet 1974 fixant le régime domanial obéit aux mêmes prescriptions.

L'observation rigoureuse des prescriptions ainsi rappelées par les acteurs publics impliqués facilitera le traitement performant de chaque procédure d'expropriation pour cause d'utilité publique.

CHAPITRE 9 :

DES CONSÉQUENCES ISSUES DES EXPROPRIATIONS

1. Expropriation et crises

Si les fondements de l'expropriation trouvent toute leur légitimité à travers la notion d'utilité publique ; *a priori* pour le paradigme systémique et structuro-fonctionnaliste, il existerait une espèce d'isomorphisme entre expropriation et cristallisation de certaines crises ; surtout lorsque celle-ci est menée de manière unilatérale, sans consensus et sans participation effective des expropriés aux prises de décision.

Pour le systémicien, l'individu, la famille et les groupes sont considérés comme des systèmes définis par Bertalanffy (1980) comme un ensemble d'éléments identifiables interdépendants, c'est-à-dire liés entre eux par les relations telles que, si l'une d'elles est modifiée, les autres le sont aussi et par conséquent, l'ensemble du système est modifié voire, transformé.

1.1. Crises autoréférentielles et hétéroréférentielles

Confrontés aux affres de l'expropriation, les expropriés ou les membres des familles vivent comme une perte de contrôle du système sur leur histoire par une mise en doute du modèle relationnel.

1.2. Les crises d'identité

Il s'agit là de l'identité territoriale, le concept d'identité se comprend ici non seulement comme l'ensemble des critères qui permettent de définir un individu, mais aussi et en même temps comme un sentiment interne « *d'unité* » de cohérence, d'appartenance, de valeur d'autonomie et de confiance, organisé autour d'une volonté d'existence. Cette crise déteint sur :

- Le sentiment de leur être matériel ;
- Le sentiment d'appartenance ;
- Le sentiment d'unité et de cohérence ;
- Les sentiments de continuité temporelle ;
- Le sentiment de différence ;
- Le sentiment d'existence ;
- Le sentiment d'autonomie.

S'agissant de la crise, Deschamps et Moliner (2008 : 46) soutiennent :

Lorsqu'un individu est confronté à une situation dont il ne contrôle pas ou ne croit pas contrôler les issues, on assiste à ce qu'on appelle un phénomène de résignation acquise (leamed helplessness). Il s'agit des conséquences négatives d'une expérience vécue par l'individu, de la non-maîtrise de son environnement ou d'événements incontrôlables. Ce phénomène aurait des répercussions à trois niveaux : au niveau motivationnel, l'individu n'ayant aucune motivation à contrôler la situation ; au niveau cognitif, l'individu étant incapable d'établir une relation entre ce qu'il fait et ce qui lui arrive et au niveau émotionnel, l'individu tombant dans un état de dépression, de désespoir.

Cette crise de l'identité peut aussi se décliner en :

1.3. Les troubles de l'identité

Il s'agit ici des troubles de la conscience de soi caractérisés par l'atteinte ou même la perte du sentiment « *d'être identiquement le même dans le temps et l'espace* ».

1.4. Les dépersonnalisations

La dépersonnalisation est un état psycho-affectif particulier dans lequel un sujet perd le sentiment de sa propre réalité.

1.5. Expropriation : Attitudes et représentations sociales de l'État

L'opération d'expropriation, menée dans un contexte où les rapports au foncier sont complexes et de manière unilatérale, se présente comme un événement potentiellement riche en affects. De ce fait, elle peut favoriser certaines attitudes individuelles et collectives ; suractiver certaines représentations sociales de l'État. À travers les trois fonctions qui structurent l'attitude à savoir : la fonction cognitive, conative et affective, les individus en situation d'expropriation élaborent certains jugements, opinions et croyances vis-à-vis de l'État et même de l'expropriation.

Du point de vue cognitif, il s'agit là d'une espèce d'ajustement contextuel permettant aux individus d'organiser leur univers à travers l'élaboration d'un système de référence qui leur est propre. La fonction conative s'extériorise ou se décline par une mise en exergue de certaines intentions et décisions d'action matérialisées par une typologie de comportements participant à la défense des intérêts et à la mise sur pied de certaines idéologies.

La fonction affective relative aux affects (sentiments et état d'humeur) se polarise et oscille entre l'accord et le désaccord en rapport avec l'expropriation.

Rappelons que le concept d'attitude fait référence de manière schématique à l'influence des « *dispositions mentales* » des individus sur leurs comportements. De façon plus élaborée, il s'agit d'un état de préparation auquel se trouve un individu qui va recevoir un stimulus ou donner une réponse aussi oriente-t-il de façon momentanée ou durable certaines réponses motrices voire la perception de certaines activités intellectuelles.

S'agissant des représentations sociales de l'État au prisme de certaines données empiriques, il ressort que ces représentations sociales vont de la reconnaissance des fonctions de l'État, des stéréotypes se déclinant et s'objectivant entre : « l'État comme *instance d'arbitrage* », « *vache à lait* », « *instrument nécessaire de l'ordre social* », « *pouvoir de coercition et de contrainte* ». À travers la catégorisation sociale, lesdites représentations sociales, marquées par leur historicité et par l'altérité sont à la base de certains comportements.

II s'agit là des systèmes complexes caractérisés par une quantité d'interactions, d'interférences et d'échanges avec leur environnement.

L'expropriation menée dans des conditions décrites plus haut introduit une fracture dans la continuité narcissique des expropriés, et une perte de repères.

CHAPITRE 10 :

CONFLITS FONCIERS ET RÉGULATIONS SOCIALES

Au cours des chapitres précédents, nous avons pu sous les auspices de l'analyse psychosociale ausculter la corrélation entre expropriation et conflits fonciers ; clashs protéiformes, mais typologisables de manière grosso modo en conflits horizontaux et verticaux. Dans le cadre de cet ouvrage, notre attention est plus focalisée sur les conflits verticaux, c'est-à-dire ceux opposant l'État et les populations expropriées. Des antagonismes et des causalités multiples qui, en dépit de leur nature controversée, résulteraient en partie d'un déficit des expropriés à pouvoir se réguler socio-juridiquement.

1. Qu'est-ce que la régulation sociale ?

Le concept de régulation est transversal et occupe une place de choix dans divers champs de connaissance.

En dépit de ces différents usages, l'on peut néanmoins retenir que la régulation renvoie au fait de maintenir en équilibre, ou tout simplement d'assurer le fonctionnement correct d'un système complexe ; la notion de régulation sociale constitue le noyau de la théorie des systèmes. De ce fait, elle se rapporte aux processus de contrôle par lesquels un ensemble social donné maintient un minimum d'ordre et d'intégration. Elle postule naturellement la capacité de limiter l'effet destructeur des conflits.

2. La régulation recouvre-t-elle des réalités différentes ?

Au regard de ses multiples applications dans les domaines aussi variés tels que l'économie, la biologie, le transport, le social, etc. ; l'on s'interroge sur sa référence et sa valeur dénotative. Néanmoins pour le dictionnaire Larousse (2000), la régulation est l'action de régler et d'assurer un fonctionnement normal. Le Petit Robert (1996) en donne la définition suivante : la régulation est l'action de régler, de mettre au point un appareil : c'est en quelque sorte le fait de maintenir en équilibre et d'assurer le fonctionnement correct d'un système complexe. Le Dictionnaire Hachette (2005) à travers un éventail de définitions soutient que : réguler est l'action de régler ou de régulariser un mouvement.

Par ailleurs, la régulation se rapporte au fait d'amener un phénomène à se produire convenablement aux conditions voulues. Ainsi, réguler consiste à maintenir l'équilibre d'un système complexe qui assure son fonctionnement. Traduisant le caractère polysémique du concept de régulation, Carion (1996) le qualifie comme étant un terme qui « *ratisse large* » ; il précise qu'on le débusque dans des domaines étonnamment variés.

Au terme d'une démarche synthétique, trois acceptions sont mises en exergue par l'auteur :

- Au sens large, la régulation est employée pour un contrôle, et évoque l'idée de maintien.
- Dans un sens plus précis, la régulation indique de ce fait un contrôle avec prévention des dérives et maintien dans certaines limites. Réguler signifie maîtriser, borner, endiguer et modérer.

Au sens strict enfin, la régulation est un contrôle avec maintien « *élastique* » et se fait autour d'une valeur particulière.

Abondant dans ce sens, Richard (1992) pense que tout système régulateur est un ensemble de mécanismes capables de maintenir une variable à une valeur constante en compensant les modifications de cette variable par des effets inverses de ceux de la régulation d'origine.

3. Régulation sociale : typologie

Généralement, parlant de la régulation sociale elle se décline selon Reynaud (1997) en une triade conceptuelle. Il s'agit de : la régulation de contrôle, la régulation autonome et enfin la régulation conjointe.

3.1. Régulation sociale autonome

De façon générale, être autonome c'est s'administrer soi-même, c'est se déterminer selon les règles librement choisies. En psychologie, l'autonomie dénote la capacité d'un individu à conserver son intégrité et son indépendance vis-à-vis du milieu physique et social. En sociologie, l'autonomie est le pouvoir d'un groupe de s'organiser et de s'administrer lui-même sous certaines conditions. Elle est différente de l'indépendance. Toutefois, si être autonome suppose être libre, c'est à l'intérieur d'un groupement plus vaste qu'elle se manifeste.

L'autonomie systémique est la capacité d'un système : soit de poursuivre ses propres fins indépendamment des pressions exercées par des variables exogènes (c'est l'autonomie comme autogenèse) soit d'influencer ses environnements et de contrôler les influences de ces derniers (c'est l'autonomie comme discrétion).

De ce fait, la régulation autonome serait la propension qu'a un système à s'auto-mettre sur pied des mécanismes de contrôle internes. C'est celle qui est produite par les acteurs eux-mêmes au sein d'un système social. Elle traduit un mécanisme auto-éco-organisationnel.

3.2. La régulation de contrôle

Contrôler de manière générale, c'est vérifier le bon fonctionnement d'une structure ou d'un système. De ce fait, le verbe contrôler implique une réalité onomasiologique et sémasiologique faisant appel aux sèmes suivants : (surveillance, audit, dominance, pouvoir, ordre, ordonner, consigne, injonction, directive, respect). On parle ainsi de la régulation de contrôle lorsque le comportement d'un individu est soumis au contrôle d'un pouvoir externe.

Il s'agit en fait d'un ordre ou d'une obligation sociale émanant du « *haut* ».

De cette façon, Terssac (2012) précise que : les règles de contrôle visent à construire un certain ordre social efficace et si possible légitime, elles sont développées pour maintenir les individus ensemble, selon une certaine discipline, visant à faire respecter un ensemble d'obligations sociales ; qu'elle soit imposée ou consentie.

3.3. La régulation conjointe

Instituer, déclencher, organiser, agir, réaliser un événement ou une action conjointe se dit d'événements distincts qui sont rapportés ou se déroulent avec acquiescement à un même moment. L'adverbe conjointement évoque l'idée de synchronicité, de coordination et de concordance. La régulation conjointe sous-entend une rencontre entre l'autonomie et le contrôle.

Si la régulation conjointe fait l'objet de plusieurs controverses et reste fortement discutée, pour Reynaud (1997) une régulation conjointe se présente comme toute régulation qui serait le résultat de plusieurs légitimités et sans oublier qu'elle se construit l'une contre l'autre et donc dans un rapport de pouvoir. La régulation conjointe fait état à une source normative émanant de façon synchronique de l'intérieur et de l'extérieur d'un système et de ce fait assure une régulation.

3.4. Expropriation : Pourquoi une régulation sociale dans un univers à prépotence juridique ?

Cette interrogation génère une autre question à savoir : pourquoi les gens se conforment le moins dans les situations de masse ?

Disons tout d'abord que malgré l'arsenal juridique qui réglemente et normalise l'expropriation, en contexte social, les individus ont toujours des marges de manœuvre. Les conflits fonciers opposant le plus souvent les populations locales notamment les expropriés et l'autorité publique naissent généralement dans des contextes sociaux. Il s'agit le plus souvent des actions collectives de masse résultante de l'atomisation ; mouvements caractérisés par des mobilisations qualifiées parfois « *d'irrationnelles* » menées par des « *populations aliénées* ».

Or pour Tarde et Le Bon, le comportement des foules et de la masse relèverait de la psychologie émotive facilitée par des processus de désindividualisation. Ici, les individus sont prêts à suivre de façon moutonnière n'importe quel leader charismatique, provoquant et polarisant parfois des cycles interminables de violence et de mobilisation désordonnés nécessitant une régulation. On imite le plus souvent les comportements de ceux qui dans la foule nous servent de modèle.

Cette dynamique est caractérisée par le primat du social sur l'individuel. Dans des situations de masse comme c'est le cas dans les conflits fonciers, les individus adoptent des comportements de « *somnambules* » dépourvus de toute conscience et imitant les comportements d'autres « *somnambules* ».

Le Bon que cite Fischer (1996 : 7) précise

La foule psychologique est un être provisoire composé d'éléments hétérogènes pour un instant soudé, absolument comme les cellules d'un corps vivant forment par leur réunion, un corps manifestant des caractères fort différents de ceux de chacune de ses cellules possédées. Cette foule dote donc les individus d'une sorte d'âme collective qui les fait sentir, penser et agir d'une façon tout à fait différente de celle dont sentirait et agirait isolément chacun d'eux.

Tout compte fait, les conduites des individus dans des situations de masse ne relèvent pas de la psychologie individuelle ; mais de ce qu'il convient d'appeler « *l'âme collective* » où les individus deviennent automates d'où l'urgence d'une régulation.

CHAPITRE 11 :

EXPROPRIATION ET RÉGULATION SOCIALE : QUELLE RELATION ENTRE LA NORME SOCIALE ET LA NORME JURIDIQUE ?

On ne saurait épiloguer sur un sujet vacillant et mitoyen entre le droit et les sciences comportementales sans véritablement scruter l'interférence qui existe entre la norme sociale et la norme juridique.

Deux thèses au fil du temps s'affrontent ici, premièrement, celle de la subordination de la norme sociale au droit et celle de l'ajustement du droit à la norme sociale.

Cette démarche se structure autour du questionnement suivant : les règles sociales doivent-elles être subordonnées au droit ? Ou tout simplement le droit doit-il s'ajuster à l'évolution sociétale et sociale, ou aux mœurs.

1. Qu'est-ce qu'une norme ?

De manière triviale et élaborée, c'est ce qui « *doit être* » ; c'est une règle de comportement ou modèle de conduite socialement accepté qui découle d'un système de valeurs propres à un groupe ou à une société et dont toute non-observance entraine des sanctions. Du point de vue de la psychologie sociale, la norme renvoie à une régularité dans la conduite adaptée par un ensemble de personnes dans une situation donnée. La norme s'appuie ou s'abreuve sur un ensemble de valeurs qui sont des idéaux collectifs susceptibles de guider les actions individuelles et collectives.

Le droit, quant à lui, est un ensemble de règles et d'institutions qui fixent de façon officielle et sanctionnée par la puissance publique, les manières de se conduire jugées légitimes à un moment donné. Le droit peut se décliner : en droits civiques, droits de l'homme et droits naturels ; ce dernier comme concept philosophique défend l'idée selon laquelle, il existe des normes supérieures, opposables le cas échéant aux règles posées par la loi positive. Droit et norme participent à la régulation sociale et à la conformité, et se présentent comme des instruments qui assurent l'unité et la cohésion du groupe. Le droit permet de garantir la cohérence et l'harmonie tout en évitant la cristallisation des conflits et guerres. L'absence d'un dispositif juridique est favorable à l'anomie et plonge les individus dans un état que Rousseau (1972) qualifie de jungle où « *le plus fort n'est jamais assez fort pour être toujours le maître* ».

Le droit établit l'ordre social légitime à travers ce qui est prescrit et ce qui est proscrit. Le droit est donc le rempart contre la violence privée, réprime les violations de la loi, soit en obligeant l'individu contrevenant à la réparation.

2. La spécificité de la norme juridique

Le juridique se rapporte au droit et renvoie à tout ce qui se fait ou s'exerce en justice ou devant la justice. La spécificité de la norme juridique se situe à plusieurs niveaux :

- la source de la norme juridique : comme partout dans le monde, les sources du droit sont de nature hiérarchisée. Ce dernier a pour ancrage la constitution qui définit et organise les différents rapports entre les trois pouvoirs à savoir : le pouvoir législatif, l'exécutif et le judiciaire ; ensuite les lois et enfin la coutume.

- comme principes généraux de la norme juridique :

Celle-ci au niveau des principes a une portée générale, c'est-à-dire applicable de façon globale aux citoyens à travers une jurisprudence qui est l'ensemble des décisions, des juridictions sur une matière ou d'un pays comme une source de droit.

Il y a également les règlements de l'autorité administrative qui regroupent les décrets, arrêtés ministériels et actes administratifs. La norme juridique s'accompagne toujours de sanctions répressives ou restitutives. Elle est formelle, caractérisée par la précision et la netteté excluant toute équivoque, c'est-à-dire claire, précise et explicite. Elle est enfin rendue exécutable à travers les instances et les institutions spécialisées.

3. La spécificité de la norme sociale

Disons que la norme sociale est un ensemble de règles qui régissent l'action des individus au sein d'une société ou d'un groupe. Ces règles sont admises sans formulation stricte, mais correspondent aux attentes de la collectivité qui généralement est favorable à des sanctions au cas où il y aurait non observance. La norme sociale est l'émanation de ce en quoi une personne, un groupe est digne d'estime quant aux qualités que l'on souhaite à l'homme dans le domaine moral, intellectuel, professionnel. En revanche, la norme sociale a un caractère relatif ; elle apparait comme l'expression concrète des attentes du groupe à l'égard des individus.

Du point de vue de sa source, la norme sociale est inhérente au groupe et cette dernière est non seulement orale, implicite, mais aussi informelle.

La force de la norme sociale se justifie par le fait qu'elle est basée sur les habitudes des individus et sur leurs coutumes aussi, réside-t-elle du fait que la valeur à laquelle elle se rattache et que l'on estime sûre, est celle dont les individus d'une même société sont particulièrement attachés.

4. Relation entre normes sociales et normes juridiques : la thèse de Durkheim

Pour cet auteur, il existe une espèce d'isomorphisme entre le droit et la norme sociale. Dans ce cas, le droit ne saurait se désolidariser ou se déconnecter des pratiques sociales. Il devrait plutôt s'adapter aux mutations sociétales et sociales et aussi aux mœurs ; au cas contraire, la loi perd de son efficacité et du coup, tombe en désuétude, situation potentiellement favorable à l'anomie ; étant donné que pour Durkheim, la société est à l'origine de nos comportements, de nos croyances et même de nos catégories.

Le droit est la cristallisation ou l'émanation de la norme sociale ; par conséquent, si l'individu respecte la norme juridique c'est tout simplement parce qu'elle découle de la norme sociale, produit de la conscience collective. Par ailleurs, la norme sociale pour le groupe fait partie des éléments d'identification. La thèse de Durkheim s'abreuve également sur l'idée selon laquelle les mœurs tempèrent ou adoucissent la rigidité du droit dans la mesure où le groupe dans certains cas peut exercer une pression forte œuvrant de manière considérable à l'ajustement de la loi. C'est pourquoi tout pouvoir qui légifère ou qui fait la loi doit faire preuve de contextualisation en tenant compte de l'évolution des mœurs. D'ailleurs, la coutume a toujours été constituée comme faisant partie des éléments qui organisent la loi.

La thèse anthropologique s'inscrit dans cette perspective. Elle ne se limite pas à l'aspect institutionnel, mais a le mérite de prendre en compte l'aspect référentiel et culturel.

Saint Arnaud (1993) pense que le droit est défini comme une émotion bilatérale impérative et attributive. C'est pourquoi il soutient : au temps comme à toute autre époque, le centre de gravité du développement du droit ne se situe pas dans la législation non plus que dans la science juridique ni dans la jurisprudence, mais dans la société elle-même. Pour Durkheim, le droit se modifie et évolue de manière dynamique avec la société, puisqu'il est ce qui l'organise.

5. Relation entre la norme sociale et la norme juridique : la thèse de la conflictualité.

La thèse de la conflictualité soutient mordicus l'idée selon laquelle la norme juridique doit dicter la norme sociale ; contrairement à ce que pense Durkheim. Ainsi le droit doit s'imposer et transcender les mœurs en vue de garantir la cohésion sociale. Le droit dans cette perspective est le rempart rationnel contre les passions. Il a pour rôle de modeler la société en *« imposant une hiérarchie des normes »* ainsi, il doit primer les considérations purement sociales étant donné que le contrôle social exercé par le droit est de nature plus contraignant que la norme sociale.

6. Production de la loi foncière : de la nécessité d'une démarche circulaire

Sans récuser le fait que la plupart des législations foncières appliquées en Afrique se caractérisent par leur nature duelle, articulée entre le droit moderne et la loi coutumière, il serait impérativement louable dans la démarche d'élaboration de la loi foncière de mettre sur pied des approches circulaires. L'idée de circularité qui dénote la bi-implication se présente schématiquement de la manière suivante : si A produit B, B est aussi producteur de A, ou du moins, si A implique B, B influence A, implication avec des possibilités d'amplifications négatives des effets (spirale descendante) ou d'amplifications positives (spirale ascendante).

La circularité sous-entend absence de phagocytose d'une réalité par une autre, mais caractérisée par une continuité entre le droit moderne et le droit coutumier. Cette démarche participe à la réduction des conflits entre les deux unités actives.

En réalité, il s'agit de comprendre que le droit et certains comportements sociaux s'influencent réciproquement. Il s'agit d'une prise en compte de la réalité sociale et celle-ci à son tour fait évoluer les règles de droit. Cet équilibre entre la norme sociale et la norme juridique est potentiellement présent chez Bourdieu et Marx. Pour le premier, les normes juridiques sont en symbiose avec les normes sociales de la classe sociale dominante d'une part, car, sont l'expression de ceux qui détiennent le pouvoir et d'autre part, parce que ceux qui sont chargés de les faire appliquer et de sanctionner ont les mêmes valeurs, les mêmes habitus, que ceux qui les édictent.

La démarche circulaire trouve toute sa justification sur la base de certaines considérations à savoir : les configurations socio-foncières, les situations foncières, les rapports au foncier, la structure et le contexte historique.

La circularité ici a pour objectif la réduction des conflits sociaux liés comme nous l'avons souligné, à des sentiments de non-appartenance, de rejet et aux frustrations. La prise en compte de la dimension socio-culturelle participe d'une triple démarche : d'abord elle œuvre d'une démarche cathartique, identitaire et enfin milite à la construction de nouvelles convictions.

CHAPITRE 12 :

DES STRATÉGIES DE RÉGULATION SOCIALE EN CONTEXTE D'EXPROPRIATION

Ce chapitre aux forts relents heuristiques et praxéologiques esquisse audacieusement les prolégomènes d'une réflexion ancienne qui interpelle encore les experts en sciences comportementales et normatives. Il s'agit ici d'envisager les stratégies susceptibles de favoriser un réajustement de la part des expropriés, au regard des comportements et attitudes qu'ils doivent adopter en contexte d'expropriation. Si plusieurs voies s'offrent à quiconque s'intéresse à cet exercice, l'objet de ce chapitre est de proposer sans prétendre à l'exhaustivité un modèle arc-bouté aux travaux de Reynaud (1947). Il s'agit d'une typologie se déclinant en six modèles.

1. La participation comme processus d'autorégulation

La participation à la prise de décision du fait qu'elle engage la personnalité tout entière d'un individu impacte sur sa dimension psychologique et sociale et par ricochet participe à la dynamique identitaire.

L'identité étant naturellement un fait extrêmement complexe modulé par des mécanismes qui permettent de définir de manière simultanée une image de soi et du monde social sur la base des représentations que l'individu a de soi. De ce fait, elle implique une combinaison de plusieurs variables avec des niveaux d'ancrage et d'objectivation différents à l'exemple du groupe, la société, la communauté et l'Etat, qui permettent aux membres de se définir comme appartenant à ces groupes.

L'acte participatif fait naître un sentiment d'appartenance et de reconnaissance, préalable à l'engagement individuel et social et en même temps réquisit à l'éveil de la responsabilité. Cette thèse à forte connotation philosophique définit l'homme comme un animal politique qui éprouve un intérêt réel à l'égard de la chose publique et participe à sa mise en œuvre.

Cette perspective, participe d'une approche inclusive en matière de résolution des conflits sociaux et de réduction des crises. La théorie de l'engagement milite dans ce sens et soutient que participer aux prises de décision accroit le sentiment d'appartenance et par ricochet suscite plus de responsabilités.

Toutefois, un ensemble de travaux a remis en question cette vision positiviste et idéale de la participation, avançant en revanche la thèse du désintérêt, d'apathie ou tout simplement d'un éloignement délibéré vis-à-vis de l'espace public.

Si pour Descartes, l'être humain n'a d'existence que par rapport au cogito à travers son aphorisme « *je pense donc je suis* » Sartre et Hegel mettent plutôt l'accent sur l'altérité qui est le seul garant du sentiment d'existence ; ils évoquent « *l'alter ego* ». Ainsi pour ces derniers, la reconnaissance de soi par l'autre et de l'autre par soi est à la fois nécessaire et conflictuelle. Hegel présente le premier moment de cette reconnaissance comme celui de la lutte rivale de deux consciences qui s'affirment d'abord par leur négation réciproque.

Husserl et Merleau-Ponty défendent la thèse de l'intersubjectivité qui pour ces deux philosophes *« garantit la possibilité d'une vérité, dépasse la sphère privée de ma croyance. Sans autrui, le monde serait réduit (...) la présence d'autrui comme extériorité radicale est aussi le signe de l'extériorité du monde et de sa présence* ».

En revanche, autrui n'est pas seulement source d'épanouissement donnant sens et richesse au monde, mais selon Sartre, source d'aliénation. Dans son célèbre ouvrage intitulé : *Huis-Clos*, l'auteur assimile autrui à un enfer. Ainsi dira-t-il « l'enfer. C'est les autres ». Plus loin, il soutient : « *par le regard qu'autrui pose sur moi, je suis destitué de ma liberté originelle et transformé en objet* ».

2. Le consensus comme processus d'autorégulation

Sans faire dans la répétition, disons que les procédures d'expropriation en Afrique comme nous l'avons souligné plus haut se caractérisent le plus souvent par des prises de positions radicales, opposées de la part des différents acteurs. Cette divergence se polarise au sein des groupes parfois hétérogènes. L'une des stratégies à déployer par les pouvoirs publics consisterait à s'accorder autour de certaines valeurs à travers des débats ; d'où le consensus qui n'est autre qu'un accord informel non matérialisé par un vote. Il s'agit d'un consensus social de nature proactive ayant pour but d'éviter et de réduire des cristallisations d'opinions.

La recherche du consensus aussi bien interne qu'externe participe d'une régulation collective et présuppose l'absence de contraintes extérieures ; excluant toute forme de violence, mais où un primat doit être accordé au dialogue. Le consensus est une démarche participative et inclusive qui œuvre à l'actualisation individuelle et sociale et participe à l'identité, dans la mesure où chacun se sent alors plus certain et confiant du fait d'avoir échangé avec les autres. Étant donné qu'autrui est porteur de signification, Wallon (1946) disait : l'individu est essentiellement social. Il l'est non par suite de contingences extérieures, mais imposées par suite d'une nécessité intime.

3. Prise en compte de la culture des expropriés comme processus de régulation

La culture est appréhendée ici dans son sens anthropologique et est définie comme l'ensemble des valeurs, des croyances, des institutions, des comportements, des modes de vie communs à un ensemble d'individus et servant à constituer ces individus en une collectivité particulière et distincte des autres. La régulation dite culturelle s'inscrit dans le cadre de la régulation autonome et de contrôle ; puisqu'elle relève de la double responsabilité des pouvoirs publics (expropriant) et des expropriés. De manière pratique, elle consiste pour l'État, en situation d'expropriation, en la prise en compte véritable des spécificités et des particularités culturelles de chaque groupe. Cette démarche devrait également tenir compte des statuts, des tabous et du lignage en matière d'expropriation. Le lignage est défini comme l'ensemble d'individus se reconnaissant d'un même ancêtre, plus au moins éloigné en termes de génération. Généralement, il est représenté par un chef de lignage ayant un rôle de régulateur de conflits. Cette prise de position de Cot & Mounier (1974) s'inscrit dans cette perspective ainsi, tout système politique prohibe les exigences qui portent atteinte aux valeurs fondamentales du système.

4. Agir sur les représentations sociales de l'Etat que développent les expropriés comme processus de régulation

De façon empirique, les attitudes et les comportements qu'adoptent les individus en général et ceux en situation d'expropriation en particulier vis-à-vis de l'État sont fondamentalement tributaires des représentations sociales. Au cours des chapitres précédents, nous avons établi que l'expropriation, événement potentiellement riche en affects était susceptible de réactiver certaines images à forte coloration stéréotypique.

Si l'élaboration de ces représentations sociales obéit au principe d'homologie structurale, force est de reconnaître qu'elles sont marquées par leur historicité et l'altérité qui sont à la base des rapports sociaux.

Ici transparaît l'une des fonctions primordiales de la représentation sociale à savoir : la fonction d'orientation des conduites. Pour y parvenir en termes de régulation, un travail doit être fait en amont par les spécialistes du comportement en vue de modifier les représentations sociales variables et modulables de l'État qui déterminent les rapports individus, groupes et État.

5. La négociation comme processus de régulation

La négociation est au cœur même de toute réflexion et action portant sur la résolution des conflits sociaux. Cela étant, négocier, c'est établir ou régler un accord entre deux parties. Elle se décline de manière pratique en une série d'entretiens et d'échanges ainsi que de démarches que l'on entreprend pour parvenir à un accord ou à un consentement.

Dans un sens plus large, tel développé par Flanders (1968), la négociation désigne tout échange où les partenaires ou les acteurs cherchent à modifier les termes de l'échange ; c'est également toute relation où les acteurs remettent en cause les règles et leur relation.

Généralement, on parle de négociation dans un contexte où les échanges devraient converger vers une même direction. Il s'agit en quelque sorte de fabriquer des règles communes. Ainsi, qu'est-ce qu'une règle ? Pour Reynaud (1997), la règle se présente potentiellement comme un principe organisateur pouvant prendre la forme d'une injonction ou d'une interdiction visant à déterminer strictement un comportement. Mais elle est plus souvent un guide d'action, un étalon qui permet de porter un jugement, un modèle qui oriente l'action. Elle introduit dans l'univers symbolique des significations, des partitions et des liaisons.

La négociation joue un rôle fondamental dans les rapports interindividuels et dans la résolution des conflits ; ainsi, elle permet de mettre de l'ordre dans les interactions et participe de la création ou de la modification des règles.

De ce fait, elle crée le lien social et le renforce. Si la négociation est un processus permanent, elle fait appel à la confrontation et au compromis. Toutefois, elle n'élimine pas l'asymétrie des positions des acteurs en présence même si elle règle provisoirement l'inégalité du rapport de force autour d'une zone de convergence acceptable par tous.

Cette négociation dans le cas d'espèce, implique l'État et les expropriés ; de nature collective, elle s'inscrit dans un cadre plus ou moins formalisé et participe de la mise sur pied des points de convergence en vue d'aboutir au compromis qui est un ensemble de règles acceptées par les deux parties, assurant au résultat de la négociation une certaine légitimité.

Si la négociation a pour essence la recherche d'un accord (convention, contrat, traité) pouvant se faire de manière directe, soulignons que ce type de tractation s'entreprend le plus souvent par l'intermédiaire d'une médiation. Un bon négociateur doit maîtriser les enjeux des conflits, avoir des talents en matière de communication ; il lui faut avoir des ressources psychologiques. Étant donné que des pourparlers sont parsemés de tests de volonté de soubresauts et de points culminants ; le médiateur doit avoir le sens du moment opportun. Ainsi, à propos de la négociation,

> De Montbrail (2000 : 98) soutient *: la réunion de toutes ces qualités qui suppose la combinaison de l'intelligence, de la finesse et du courage est exceptionnelle. Calculer rapidement, découvrir la réalité derrière les apparences (ainsi les véritables buts des négociateurs coïncident rarement avec ceux qu'ils affichent), manipuler sans se laisser manipuler, sentir quand il faut tenir et quand il faut lâcher du lest : rien de tout cela n'est facile.*

6. Susciter la rationalisation et l'introjection comme processus de régulation

Ces deux mécanismes psychologiques, voire psychanalytiques, à double caractère « *annihilative* » et « *prophylactique* » œuvrent de manière efficace à la miniaturisation de certains conflits sur le plan interne qu'externe notamment dans des conflits intra psychiques et inter psychiques (sociaux). C'est un modèle qui est issu de la psychologie des profondeurs. Les deux mécanismes participent d'une régulation qu'on peut qualifier de conjointe étant donné que leur source émane d'une action externe à travers des sensibilisations qui se présentent comme catalyseurs.

Ainsi, qu'est-ce que rationaliser ? De manière triviale, c'est rendre rationnel, c'est-à-dire conforme à la raison. En psychanalyse, il s'agit d'une justification d'une conduite dont on ignore les véritables raisons.

Le concept de rationalisation appartient également au vocabulaire de la psychologie sociale, notamment au niveau de la modélisation des conflits cognitifs élaborée par la théorie de la dissonance cognitive (Festinger (1957) ; et, reposant sur le principe dit de *« consistance »*.

La théorie de la dissonance cognitive stipule que l'homme, animal rationalisant cherche toujours à maintenir un certain équilibre interne en essayant de faire en sorte que les éléments de son univers sociocognitif, soient consistants les uns par rapport aux autres. En terminologie psychosociale, on parle de la recherche de la consonance.

Festinger (1957) soutient que toute relation dissonante ou antinomique entre cognitions place l'individu dans un état d'inconfort psychologique appelé « *dissonance cognitive* ». Dans le cadre de ce livre. La rationalisation ici se veut un processus consistant à trouver de bonnes raisons pour justifier les raisons sociales, économiques et politiques de l'expropriation. Il s'agit concrètement d'un jeu entre « *le pourquoi* » et « *le parce que* » qui structure la démarche de justification des conduites.

L'introjection, très proche de la rationalisation, mais distincte, serait un processus inconscient par lequel l'image d'une personne est incorporée au moi et au surmoi.

CHAPITRE 13 :

DE LA GOUVERNANCE FONCIÈRE EN MATIÈRE D'EXPROPRIATION

La gouvernance foncière en matière d'expropriation a pour dessein principal, la mise en lumière de certaines stratégies œuvrant à la réduction et à la miniaturisation des conflits fonciers résultant de l'expropriation. Elle participe ainsi à l'élaboration des mécanismes de prévention desdits conflits ; ceci à travers une démarche proactive qui envisage un ensemble d'actions coordonnées de manœuvres en vue d'un résultat. Ce qui est une chose, mais les appliquer en est une autre.

1. Qu'entend-on par gouvernance ?

Les questions de gouvernance, de façon générale sont celles relatives à l'administration, à la direction et à la gestion.

De ce fait, elles relèvent de l'autorité de l'État avec les autres acteurs des domaines concernés et sont clairement identifiables. Si le terme de gouvernance d'origine latine signifie ustensile, il désigne néanmoins un processus de coordination, acteurs, des groupes sociaux, d'institutions qui produisent des compromis, des consensus politiques et sociaux, discutés et définis collectivement, permettant d'atteindre des objectifs spécifiques dans des environnements fragmentés et incertains.

Cela étant, si les administrations en charge des questions foncières en Afrique manifestent une réelle volonté politique pour ce qui est de la gouvernance foncière, le foncier en général reste et demeure l'objet de toutes les convoitises et de plusieurs enjeux. Face à ce qu'il convient de qualifier de quérulence, nous avons envisagé une gouvernance foncière axée sur cinq points se déclinant ainsi qu'il suit :

1.1. Une gouvernance foncière axée sur les procédures et à travers une contextualisation

Disons tout d'abord que le processus de contextualisation est un travail de mise en relation d'un phénomène avec des éléments de son environnement global. Il s'agit en fait d'une démarche qui impose et nécessite davantage une prise en compte du contexte socioculturel dans l'élaboration des politiques gouvernementales en matière foncière ; perspective susceptible de réconcilier pratiques locales, légitimité et légalité. Étant donné que le droit dans son origine et sa pratique n'est pas antinomique à la norme sociale.

Dans ce contexte, la résolution des conflits fonciers imposerait une prise en compte de certaines données de nature anthropologiques ; Le Roy à propos soutient :

> *Alors que dans l'expérience occidentale, de facture judéo-chrétienne, le règlement des conflits est le produit d'une force neutre parce qu'extérieure et supérieure aux parties réputées omnipotentes et omniscientes (à l'image de Dieu, pas moins), l'expérience africaine privilégie toujours le règlement du conflit au sein du groupe qui l'a vu naître et considère l'appel à une instance extérieure comme une manifestation de faiblesse.*

À proprement parler, il s'agit d'éviter d'isoler la question foncière et d'expropriation du contexte socio-culturel dans lequel elle s'inscrit, car ceci reviendrait à tourner systématiquement le dos aux approches dites cloisonnées et à forte connotation sectorielle.

1.2. Une gouvernance foncière qui intègre l'accompagnement psychosocial des expropriés

En Afrique et même partout ailleurs, la terre a une fonction productive, mais aussi sociale. Ainsi, tout acte de quelque nature que ce soit visant une spoliation de la part de l'État à l'endroit des autochtones se présente comme une perte et est susceptible de créer des crises. Poujol (2009) à propos soutient en déclarant que tout ce qui nous entoure nous oblige à faire un travail de deuil lorsque nous le perdons après y avoir été attachés ; d'où la nécessité d'accompagner les expropriés non pas seulement en termes d'indemnité, mais aussi sur le plan psychosocial. Il s'agit d'une approche globale.

La prise en charge psychosociale a pour objet de doter l'exproprié des moyens de retrouver la force psychique lui permettant de se reconstruire et de se protéger. Elle repose sur la compréhension de la nature de la crise, de l'identification, des besoins et de l'élaboration d'un plan conduisant à des solutions adaptées. Il s'agit entre autres de faire route ensemble avec les expropriés à travers un soutien avant, pendant et après le processus d'expropriation. Cet accompagnement, non seulement, est dirigé vers la personne elle-même, mais aussi à la famille et à la communauté.

1.3. Une gouvernance foncière axée sur les acteurs de l'expropriation

Elle sous-entend pour les pouvoirs publics de mettre sur pied avant, pendant et après les procédures d'expropriation des équipes pluridisciplinaires constituées d'experts pour débattre et examiner des besoins de tous ceux qui sont en proie aux affres de l'expropriation. Il s'agit, par ailleurs, d'équipes constituées de travailleurs sociaux, juristes et surtout de psychologues reconnus statutairement, jouissant d'une expérience professionnelle avérée. Il ne s'agit pas comme par le passé de mettre sur pied des équipes non qualifiées susceptibles d'aggraver le vécu des personnes en situation de souffrance psychique ; ou tout simplement de réduire l'expropriation à l'indemnisation, mais plutôt humaniser l'expropriation ; tout en évitant de banaliser, mais aussi de minimiser.

1.4. Une gouvernance foncière qui intègre davantage la question de l'indemnisation

Il s'agit d'une gouvernance qui réexamine la question de l'indemnité ; disons que l'indemnité est ce qui est attribué à quelqu'un en réparation d'un dommage, d'un préjudice ou tout simplement la perte d'un droit. Au Cameroun, en matière d'expropriation, l'indemnisation est régie par des dispositions de la loi N° 85/009 du 4 juillet 1985 et son décret d'application N° 87/1872 du 16 décembre 1987.

Ces dispositions semblent en déphasage avec la norme sociale en matière, situation potentiellement conflictuelle et qui constitue à côté d'autres variables associées, l'une des causes de remords. Sans se substituer aux juristes et économistes qui disposent d'une expertise avérée en indemnisation, il est urgent pour les pouvoirs publics en ce qui concerne les questions relatives à l'indemnisation de faire davantage preuve de justice sociale, tournant le dos au laxisme et à la corruption. De ce fait, éviter des démarches moins médiatisées, mais privilégier l'équité ; même s'il n'y a pas véritablement de convertibilité entre patrimoine foncier et indemnisation. Militer pour plus de participation de la société civile et tous les concernés. Cette approche limite en quelque sorte certains dérapages, milite pour la transparence et de l'autre côté, réduit les sentiments de frustrations.

Privilégier davantage le dialogue avec les expropriés, tout en évitant d'imposer. Tenir compte des contextes locaux, de l'avènement de la décentralisation ainsi que des aspirations des populations, du genre et les accompagner dans leurs projets. Précisons qu'il ne s'agit pas d'envisager une espèce de communisme, mais envisager une démarche inclusive gage de la réussite à toute entreprise sociale.

1.5. Gouvernance foncière et approche systémique

Les problématiques foncières en Afrique obligent les décideurs, penseurs, et tous les autres acteurs à l'adoption des démarches qui prennent en compte tous les paramètres y afférents. D'où toute la pertinence de ce qu'il convient d'appeler l'approche systémique.

1.5.1. L'approche systémique : de quoi s'agit-il ?

La démarche systémique se présente comme un savoir et une pratique, ayant donné lieu au fil du temps à de nombreuses applications ; dans les domaines aussi variés tels que : les systèmes sociaux, symboliques, artificiels, physiques chimiques, etc. Ainsi qu'est-ce qu'un système ?

De manière générale, le système se définit à travers un triple sens, à savoir : physique, intellectuel et pratique. Tout compte fait, si la notion de système se présente comme un concept heuristique à caractère évolutif et parfois cumulatif. Bertalanffy (1980) dans son célèbre ouvrage intitulé : *La théorie générale des systèmes* ; en propose la définition suivante : un système est un ensemble d'éléments identifiables, interdépendants, c'est-à-dire liés entre eux par des relations telles que si l'une d'elles est modifiée, les autres le sont aussi et par conséquent, l'ensemble du système est modifié et transformé.

1.5.2. Qu'exige la démarche systémique dans les problématiques foncières ?

La théorie systémique appréhende les conflits fonciers en contexte d'expropriation partant de l'idée que le système foncier constitue un sous-système sociétal et social lequel chaque élément joue un rôle précis dans les interactions et le maintien de l'équilibre individuel et social.

Pour l'approche systémique, les conflits fonciers surtout en contexte d'expropriation ne doivent pas être réductibles à la question de l'indemnisation. Mais constituent une réponse inadaptée à une situation stressante et riche en affects ; sans pour autant nier la fonction instrumentale de l'indemnisation. Dans l'optique systémique, les conflits fonciers reposent sur une causalité circulaire, où chaque variable constitue à la fois une cause et une conséquence.

Il s'agit entre autres des exigences processuelles, structurales, méthodologiques et historiques ; cette démarche exige de la part des décideurs une prise en compte de tous les aspects impliqués dans le système foncier et qui le structure. Il s'agit des variables sociales, culturelles, économiques, psychologiques, anthropologiques, sociologiques et juridiques.

De ce fait, la démarche systémique exige de façon absolue des actions combinées, et conjointes à travers la recherche d'un consensus et en toute humilité. Ceci nécessite des actions conjointes à travers une mise sur pied des équipes transdisciplinaires qui doivent travailler en étroite collaboration. Les enjeux de cette démarche qui se construit autour de l'individu sont de plusieurs ordres : politique, économique, sociale et psychologique.

1.5.3. La systémique : un savoir

La systémique est une discipline qui se structure autour d'un corpus théorique. Ainsi la démarche systémique fait surgir quatre concepts de base, à caractère général, articulés entre eux. Ces concepts se présentent comme suit :

- **La complexité**

Du point de vue étymologique, le terme complexité se rapporte à la notion de relation, marquant ainsi la propriété de ce qui est relié, combiné, tissé, connecté (*cum-plexus*). C'est en quelque sorte la présence et l'existence d'un nombre élevé d'entités qui interagissent et interfèrent. C'est cette configuration que nous appelons une situation.

Du point de vue systémique, la complexité renvoie à un phénomène qu'on peut quantifier à travers les différentes interactions et interférences entre un nombre élevé d'éléments ou unités actives ; en un mot, c'est l'incertitude, au sein des systèmes richement organisés, faits d'hétérogénéité notamment de l'ordre et du désordre. La complexité a trait à toutes les difficultés de compréhension (flou, incertitude, imprévisibilité, ambigüité et aléatoire)

- **La globalité/totalité**

C'est un ensemble considéré comme la réunion de tous les éléments. Le philosophe Kant la définit comme la synthèse de l'unité et de la pluralité. La totalité se présente comme la caractéristique de systèmes sociaux où toute modification d'un élément ou d'un processus engendre automatiquement des modifications du système dans sa totalité.

La globalité est traduite par l'adage selon lequel le tout est plus que la somme des parties. Il s'agit du primat de la totalité sur les éléments constitutifs. Ainsi distingue-t-on la totalité extensive et intensive ; la totalité mécanique et enfin, la totalité organique.

- **L'interaction**

C'est le concept pivot même de la démarche systémique, il traduit un jeu de force et établit une relation entre les constituants. Il ne s'agit pas d'une relation de cause à effet, mais d'une relation circulaire.

- **Le système**

Le concept de système au fil des temps a fait l'objet de plusieurs définitions : Morin (1990), Lapierre (1992), Waliser (1996) etc. Toutefois, nous pouvons retenir avec Lugan (1996 : 79) qu'*un système peut être considéré comme un ensemble d'interactions privilégiées entre les éléments, des acteurs ou des groupes d'acteurs et leurs produits : effets, actions, processus. Ces interactions peuvent conduire à des interrelations qui vont être à l'origine d'une certaine permanence du système et la manifestation de son existence, c'est-à-dire d'une autonomie relative par rapport à ses environnements.*

C'est ce sur quoi repose la démarche systémique. Il dénote la cohérence, la finalité et le but. Il s'agit de poser le postulat selon lequel : tout objet est un ensemble dont les éléments ne peuvent s'étudier isolément parce qu'ils sont en relation.

1.5.4. La systémique : une méthode

Au-delà du fait qu'elle se présente comme un corpus de connaissance, la systémique est une pratique et une manière de scruter la complexité. De ce fait, elle a mis sur pied une démarche qui se déroule par étapes : une observation du système par divers observateurs et sous divers aspects. Comme outil, l'approche systémique met en lumière trois outils à savoir : la triangulation systémique qui se caractérise par l'aspect fonctionnel, structural et historique ; ensuite le découpage systémique et enfin la modélisation.

CONCLUSION

Le mot État pour le philosophe Spinoza (1670), Locke (1960), Rousseau (1966) et Hobbes (1971) se rapporte à bien des situations diverses et chaque fois il connote des réalités différentes. Si l'État est l'expression de la volonté générale et le garant de l'intérêt général, l'une de ses missions régaliennes est la promotion du développement dans l'ensemble du territoire. Pour ce faire, il doit de temps en temps recourir à l'acquisition des terrains d'assiette préalable à la réalisation de certaines infrastructures.

Ainsi, comment l'État, acteur principal du développement peut-il procéder à l'expropriation sans trop susciter des heurts, anicroches, des conflits autrement dit sans contrister et sans détraquer les expropriés ? La réponse à cette interrogation se présente comme le dessein principal de cet ouvrage.

En somme, devant les évidences du sens commun, les jugements péremptoires et les discours dominants adossés sur des logiques syncrétiques, il est important de souligner que toute prise de décision en matière foncière en général, oblige les pouvoirs publics à adopter une démarche systémique. Systémicité due non seulement au type de rapport que l'individu, le groupe et même la communauté entretient avec la terre, mais aussi au caractère duel de la norme foncière.

L'ouvrage, fruit d'une longue réflexion élaborée sur la base de certaines données empiriques aborde de façon pratique un ensemble de problématiques foncières touchant de manière générale comme nous l'avons souligné, les aspects socio-anthropologiques du foncier, et propose quelques stratégies en matière de régulation. Un accent particulier est mis sur les logiques cosmogoniques et cosmologiques en matière foncière en Afrique.

Toutefois, il est important de reconnaître que les problématiques foncières au regard de leurs caractère et nature complexes ne relèvent pas de l'exclusivité d'un domaine de connaissance, mais mobilisent des savoirs tant en sciences normatives qu'en sciences humaines et sociales ; d'où l'urgence d'une démarche interdisciplinaire.

Le titre *conflits fonciers et Régulation au Cameroun : pour une Approche psycho-socio anthropologique de l'expropriation* établit à partir d'une démarche inductive et déductive une espèce d'isomorphisme entre les rapports au foncier, le type d'expropriation, la résonance psychologique et la régulation sociale.

Le livre en toute humilité et dans un univers foisonnant, participe d'une démarche instrumentale ; susceptible de doter aux décideurs en matière foncière un ensemble d'outils (stratégies) en vue de leur mise en œuvre afin de réduire et de prévenir les conflits fonciers. Il ne s'agit pas dans le cadre de cet ouvrage de construire une éthique en matière foncière, mais de susciter et de frayer les pistes de réflexion dans un univers complexe. S'il y a un enseignement à tirer, c'est celui de savoir que la sécurité foncière en Afrique repose sur l'articulation entre la reconnaissance de la norme sociale, et celle dite juridique.

RÉFÉRENCES BIBLIOGRAPHIQUES

- APOSTEL, L ; CELLÉRIER, G ; PIAGET, J (1970). *L'explication dans les Sciences*, Paris : Flammarion.
- ASSARAF, Assarot, A. (2006). *Le sacré, une force quantifiable*, Paris : Babylone.
- BEAUVOIR, J.L & DUBOIS, N. (1988). The norm of internality in the explanation psychosocial events. European journal of social psychology
- BERGER, P. (1971), *La religion dans la conscience, moderne*. Paris : centurion.
- CAZENEUVE, T. (1976). *Dix Grandes notions de sociologie*, paris : seuil.
- CHEBEL, M. (1998). *La formation de l'identité politique*, Paris : Payot.
- CHEVALIER, J. (1969). *Dictionnaire des symboles.* Paris : PUF.
- CITEAU, J-P & ENGELHARDT-BITRIAN, B. (1999), *Introduction à la psychosociologie : concepts et étude de base*, paris : Armand Colin.
- COSER, L. (1992). *Les fonctions du conflit social*, Paris : PUF.
- COT, JP & MOUNIER, J-P (1974). *Pour une sociologie politique*, Paris : le seuil.
- DE MONTRIAL. T. (2000), *l'Action et le système du monde*, Paris : PUF.

- DOISE. W. (1982) : *L'explication en psychologie sociale,* Paris : PUF.
- DURKHEIM, E. (1912). *Les formes élémentaires de la vie religieuse*. Paris : alcan.
- DURKHEIM, E. (1987), *les règles de la méthode sociologique*, Paris : PUF.
- EBOUSSI BOULAGA.F. (1977). *La crise du Muntu, Authentique africaine et philosophique*, Paris : Présence africaine.
- ELIADE, M. (1957). *Le sacré et le profane*, Paris : Gallimard.
- GUIMELLIC, C (1994), *Structures et transformations des représentations sociales,* Paris : PUF.
- GUY, ROCHER, G. (1968). *Introduction à la sociologie générale. Le changement social*, Montréal : édition HMH.
- HAYEK, FA. VON (1976), *The mirage of social justice*, London: Routledge.
- HEGEL, (1963), *principes de la philosophie du Droit*, Paris : Gallimard.
- HEGEL. (1963), *La phénoménologie de l'esprit*, Paris, Denoël-Gonthier.
- HOBBES, T. (1971). *Leviathan, philosophie politique* ; Ed : Sivey.
- IGUE, J. (1995), *le Territoire et l'État en Afrique : les dimensions spatiales du Développement*, Paris : Karthala.
- LABURTHE TOLRA, P. (2009). *Les Seigneurs de la forêt : Essai sur le passé historique, l'organisation sociale et les normes éthiques des anciens beti du Cameroun*, Paris : Harmattan.

- LAPIERRE, J-W (1992), *L'analyse de système*, Paris : Syros.
- LAVIGNE, D. (1998), *Quelles politiques foncières en Afrique noire rurale ? Réconcilier pratiques, légitimité et légalité*, Paris : Karthala.
- Le BON. G (1993), *la psychologie des foules*, Paris : PUF.
- Le. BRIS, E ; LE ROY, E et MATHIEU (1991). *L'appropriation de la terre en Afrique noire : Manuel d'analyse de décision et de gestion foncière*, Paris : Karthala.
- LÉVI-STRAUSS. C. (1958). *Anthropologie structurale*, Paris : Plon.
- LOCKE.J. (1960). *Traité du gouvernement civil* ; Flammarion.
- MARX, et ENGELS (1846), *L'idéologie allemande,* Paris : Seuil.
- MBEDE, R (1987), l'émergence du moi : une théorie sociopsychologique ternaire et son expérimentation chez les Béti du Cameroun. Thèse pour le doctorat d'État en psychologie, Université de Paris 7 : Académie de Paris
- MERLEAU, P (1945), la *phénoménologie de la perception*, Paris : Gallimard.
- MORIN, E (1990), *introduction à la pensée complexe*, Paris : ESF
- MOSCOVICI. S. (1981), *l'âge des foules*, Paris : Fayard.
- MOUTOUSSE et RENOUARD. (2001). *Cent fiches pour comprendre la sociologie*, Paris : Break.
- OBENGA, T. (1980). *Les bantu, langues, peuples et civilisation*, Paris : présence africaine.

- OTTO, R. (1995), *Le sacré.,* Paris : Payot.
- PAILLE, P. MUCCHIELLI, (A). (2013). *L'analyse qualitative en Sciences Humaines et sociales*, Paris : Armand Colin.
- RAWLS, J. (1987). *Théorie de la justice*. Paris : Seuil.
- ROUSSEAU, J.J. (1762), *Du contrat social* Paris : Flammarion.
- SARTRE, J (1943), *l'être et le néant,* Paris : Gallimard.
- SPINOZA, B. (1670), *Traité théologico-politique*, Garnier : Flammarion.
- TAPIA, C & ROUSSAY, P (1991), *les Attitudes*, Paris : *les éditions d'organisation.*
- TAROT, C. (2008), *Le symbolique et le sacré : théories de la religion*, Paris : la découverte.
- VAN DER LEEUW, G. (1955). *La religion dans son essence et ses manifestations*, Paris : Payot.
- BASTIDE, R. (1975). *Le sacré sauvage*. Paris : Payot.
- WINNICOTT, D. W (1957), *L'enfant et sa famille, dans les premières relations*, Paris : Payot.

TABLE DES MATIÈRES

Structures éditoriales du groupe L'Harmattan

L'Harmattan Italie
Via degli Artisti, 15
10124 Torino
harmattan.italia@gmail.com

L'Harmattan Hongrie
Kossuth l. u. 14-16.
1053 Budapest
harmattan@harmattan.hu

L'Harmattan Sénégal
10 VDN en face Mermoz
BP 45034 Dakar-Fann
senharmattan@gmail.com

L'Harmattan Cameroun
TSINGA/FECAFOOT
BP 11486 Yaoundé
inkoukam@gmail.com

L'Harmattan Burkina Faso
Achille Somé – tengnule@hotmail.fr

L'Harmattan Guinée
Almamya, rue KA 028 OKB Agency
BP 3470 Conakry
harmattanguinee@yahoo.fr

L'Harmattan RDC
185, avenue Nyangwe
Commune de Lingwala – Kinshasa
matangilamusadila@yahoo.fr

L'Harmattan Congo
67, boulevard Denis-Sassou-N'Guesso
BP 2874 Brazzaville
harmattan.congo@yahoo.fr

L'Harmattan Mali
Sirakoro-Meguetana V31
Bamako
syllaka@yahoo.fr

L'Harmattan Togo
Djidjole – Lomé
Maison Amela
face EPP BATOME
ddamela@aol.com

L'Harmattan Côte d'Ivoire
Résidence Karl – Cité des Arts
Abidjan-Cocody
03 BP 1588 Abidjan
espace_harmattan.ci@hotmail.fr

L'Harmattan Algérie
22, rue Moulay-Mohamed
31000 Oran
info2@harmattan-algerie.com

L'Harmattan Maroc
5, rue Ferrane-Kouicha, Talaâ-Elkbira
Chrableyine, Fès-Médine
30000 Fès
harmattan.maroc@gmail.com

Nos librairies en France

Librairie internationale
16, rue des Écoles – 75005 Paris
librairie.internationale@harmattan.fr
01 40 46 79 11
www.librairieharmattan.com

Librairie l'Espace Harmattan
21 bis, rue des Écoles – 75005 Paris
librairie.espace@harmattan.fr
01 43 29 49 42

Lib. sciences humaines & histoire
21, rue des Écoles – 75005 Paris
librairie.sh@harmattan.fr
01 46 34 13 71
www.librairieharmattansh.com

Lib. Méditerranée & Moyen-Orient
7, rue des Carmes – 75005 Paris
librairie.mediterranee@harmattan.fr
01 43 29 71 15

Librairie Le Lucernaire
53, rue Notre-Dame-des-Champs – 75006 Paris
librairie@lucernaire.fr
01 42 22 67 13